# 出産

## 助産師の祈り

JN214887

目黒 和加子

養徳社

# 目次

カバーイラスト……榎森彰子
本文イラスト……木村はるえ

# はじめに

私は現在、小さな産科医院で働く助産師です。平成十二年、三十五歳のときに助産師資格を取得して、大阪の産科専門の病院で勤め始めました。その後、平成十四年に同じく大阪にある産科医院に転職。そして、平成十六年に主人の転勤から、関東に移りました。

現在、私の勤務する産科医院は、帝王切開をする手術室も、吸引分娩や鉗子分娩する器械もありません。十分な設備のない中で働いています。だからこそ、親神様にもたれきり、存命の教祖《おやさま》のお働きを実感できたのかもしれません。

これから、助産師ようぼくとしての私の歩みを振り返りながらお話をしたいと思います。

# 消えてほしくないアザ

## 分娩室の長い夜

ここは、大阪の郊外にあるこぢんまりしたK産科医院です。

今日は外来看護師が風邪でお休みなので、私は病室係をしながら、検診に来ている妊婦さんの採血係もすることになりました。

「安田はるかさ～ん。今日は貧血の検査があります。採血しますのでこちらへどうぞ」

お腹《なか》がちょっと目立ってきた初産婦の安田さんを採血室に案内すると、彼

女は開口一番、

「あなたが〝めぐろわかこ〟さんですね。お会いしたかったんです。検診のたびに探していました」

私はこの方とは初対面。えっ、何だろう？　という顔の私に、

「あっ、いきなりすみません。私、目黒さんが四年前に取り上げた林田美穂《みほ》さんの親友なんです。目黒さんのことは、美穂ちゃんとご主人から、『難産だったけれど、目黒さんが全身全霊で取り上げてくださって、生涯忘れることのないお産だった』と聞いています。息子の直《なお》ちゃんからは、〝頑張ったマーク〟のことを教えてもらいました」

と笑顔で言いました。

私はハッとして、すぐに四年前の林田さんのお産を思い出しました。長かった、あの夜のことを……。

あの日、夜勤で白衣に着替えていると、「痛いー、腰が痛いー！」すごい叫び声が耳に入ってきました。

声の主は林田美穂さん（二十六歳、初産婦）。陣痛が来て、お昼前から入院していました。

叫び声だけ聞くと、すぐに分娩《ぶんべん》になりそうです。しかし、日勤助産師の申し送りでは子宮口はやっと半分の五センチ開大《かいだい》、赤ちゃんの頭（児頭《じとう》）は骨盤内へ下降してきたものの、反対向きで回旋《かいせん》異常とのことです。

普通、赤ちゃんは下向きでお母さんのお尻の穴を見るように産まれてきます。頭の向きが反対ということは、赤ちゃんが上を向き、お母さんのお小水の出口を見るように後ろ反《ぞ》りして出てきます。

この姿勢でも分娩は可能ですが、回旋異常は子宮口が全開大（一〇センチ）しても、産道通過に余分な時間がかかります。赤ちゃんは狭い産道で圧迫される時間が長くなる分、ストレスが大きくなります。

お母さんも産道を削《けず》られるような強烈な痛みで、心身ともに負担が増します。分娩が途中で停止することや、赤ちゃんがストレスに耐えきれず、帝王切開になることも考えておかなければなりません。


さあ、長い夜が始まりました。


私は、夕方から林田さんに付きっきりで、あっという間に消灯の時間。

その頃、林田さんの子宮口は八センチ開き、児頭は反対向きのままですが、じりじりと下がってきました。胎児心拍《しんぱく》モニターでは、赤ちゃんは元気であると確信できる状態です。

回旋異常は、お腹よりも腰を痛がるのが特徴で、新人の頃、ベテラン助産師から「腰陣痛は回旋異常を疑って、注意して内診しなさい」と言われたものです。

反対向きの赤ちゃんは、グイグイとお母さんの産道を押してきます。「腰が痛いー、砕《くだ》けそう。もっと強く摩《さす》って！」と、陣痛のたびに悲痛な叫び声をあげる林田さん。付き添いのご主人は、指紋がなくなりそうなくらい力を込めて、一生懸命に腰を摩っています。

「林田さん、腰がすごく痛いのは、赤ちゃんが反対向きで上を向いて産道を降りて来ているからなの。でも、あなたは身長が一六五センチもあるでしょう。背の高い人は骨産道《こつさんどう》も広いのよ。妊娠中の体重増加も六キロだし、産道に余分な脂肪もついてないの。だから、赤ちゃんさえ元気なら、下から産めると思うわ。この子は反対向きのストレスを物ともせずに、元気に降りて来ているよ！　林田さん、頑張れそう？」

私が尋ねると、林田さんは、

「私、大学時代に女子アメリカンフットボールの選手でした。体力には自信があります！」

ご主人も、

「うちの嫁さん、細身やけど瞬発力、突破力、持久力そろってます。夫婦ゲンカのときも離れとかんと、タックルされたら飛ばされますわ（笑）」

とのこと。

「よし、あとは赤ちゃんの元気さを確認しながら、産道を降りて来るのを待とうね」

と言ったものの、ここからがまた、長い……。

## 消えないで「頑張ったマーク」

回旋異常で産道を降りて来るときの痛みは、通常のフーフー呼吸では対応できません。大声で叫ばずにはいられない激痛です。「痛いー。でも、頑張る！　痛いー」と夜の医院に響き渡っています。

陣痛と陣痛の間の休憩タイムに、私の励ましの言葉にうなずきながら、すがるように聞いている林田さん。

ご主人は奥さんに水を飲ませ、汗を拭き、うちわで扇《あお》ぎながら「お前はエライ、よう頑張ってるぞ！」と応援の声かけを欠かしません。

子宮口が全開大して分娩室に入ったのは、日付が変わった午前一時。自然にいきみが入り、「バシャッー」と破水しました。

分娩室に入って一時間、いきみ続けた林田さんの眼は血走り、叫び続けた声はかすれ、喉《のど》の中が切れ唾液《だえき》に血が混じっています。

ご主人は、奥さんの壮絶な頑張りに言葉が出なくなり、涙と鼻水が混じったグチャグチャの顔で、一緒にいきみ始めました。

さすがの林田さんもヘトヘトになり、体力も気力も枯れ、放心した表情になってきました。介助の私も涙があふれそうになりますが、助産師が泣いている場合ではないと、心を鬼にして一言。

「林田さん、この子は強い子やで。胎児心拍は安定しているよ。今ね、関所のところで赤ちゃん挟《はさ》まってるねん。そこさえ抜ければ、産まれるで。ここであきらめたら、もったいないで！　あなたと赤ちゃんの頑張りが、もったいないないで！」

半分涙声になりながら、喝《かつ》を入れました。

このもったいないの言葉が、大阪生まれの林田さんの『ど根性スイッチ』を押したらしく、あきらめてなるものかと、すごい底力を出してくれました。

午前二時十分、男の子（直ちゃん）の元気な産声が分娩室に響きました。

私は、直ちゃんに「よう頑張った。強い子や、えらい子や」と声をかけながら、へその緒《お》を切り、林田さんの胸に渡しました。

みんな涙で顔がクシャクシャです。

ただ、直ちゃんの額《ひたい》には、小指大くらいの赤いアザがありました。

林田さんはアザを見て、

「無事に産まれて来てくれただけで、十分です。私も必死でしたけれど、助産師さんも命懸けで取り上げてくださるんやと、喝が入ったときに感じました。だから、最後まで頑張れたんだと思います」

と言います。そしてご主人が、

「助産師さんにお願いがあります。このアザは、目黒さんの指の形ということにしていただけませんか。直が頑張ったから、助産師さんが〝しるし〟をつけてくれはったって、そう言ってやりたいんです」

と、涙でお願いされました。

私は、お父さんとお母さんの気持ちを汲《く》み取って、「わかりました。そうしましょうね」と返事をしました。

安田はるかさんは、このときの話を林田さん一家から聞いておられたのでしょう。直ちゃんが言うには、

「直が産まれたときにな、助産師さんが泣きながら『よう頑張った。強い子や、えらい子や』って、ギュッと抱っこしてくれはってん。泣いている助産師さん見たら、お父さんもお母さんもうれしくて、一緒に泣いてんて。助産師さんが、『直ちゃん、めっちゃ頑張ったから、ご褒美《ほうび》に〝頑張ったマーク〟つけてあげよう』っておでこにしるしつけてくれてん。

このしるし、助産師さんの指の形やでえ。助産師さんの名前は〝めぐろわかこ〟さんって言うねん。命懸けで直を取り上げてくれた人やから、ずっと

忘れたらあかんねん。だから〝頑張ったマーク〟消えてほしくないねん」

お父さんとお母さんから、出産時の話を繰り返し聞かされているのでしょう。まるで自分の体験を覚えているかのように話をしてくれたそうです。

後日、大学病院で、このアザは『イチゴ状血管腫《けっかんしゅ》』と判明しました。だんだんと色も薄くなり、小学校入学頃までには消えてしまうとのことでした。

直ちゃん、助産師さんは頑張ったマークが消えてもね、お母さんのど迫力の底力、お父さんの涙と鼻水の応援、直ちゃんの力強い産声をずっと覚えているからね。みんなの頑張りを忘れないからね。

## あめちゃんが届くタイミング

「助産師さんはおめでたい仕事で、いいですね」

と、言われることがあります。このとき、私は戸惑いを感じ、何て返事をしようかと迷います。

助産師の仕事は世間一般の見方からすると、きつい、汚い、危険の三Kの仕事です。しかし、前向きに捉えると体力と精神力を消耗《しょうもう》する中で、知力と人間力が養われる仕事でもあります。

では、信仰的に見るとどうでしょう。

予期せずに起こる様々な場面を目の前にして、「なんとかたすかってもらいたい」と心を定め、自分が無になり、おたすけへと直結する仕事であります。そうしようと思ってするのではなく、無我夢中でおたすけへと突き進んでいくのです。

神様のご用をさせていただくようぼくとして、仕事の中でおたすけができるなんて、うれしいなあ、ありがたいなあと感じます。

しかし、あかんたれの私は助産師を続けていくのが、しんどいなあ、つらいなあと思うこともあります。そういうときに、親神様はご褒美《ほうび》をくださるのです。

「もう、あかんわ。辞めようか……」という事態になると、以前に取り上げさせていただいた方から「スクスク育っていますよ」と写真入りの手紙がきたり、「目黒さん、元気〜」と、買い物のついでに子供を連れて医院に立ち寄ってくれたりします。

実は、安田さんに出会う数日前、私は新生児重症仮死の分娩介助でいろいろトラブルがあり、心痛でご飯が食べられず、眠れず、ボコボコにへこんでいたときでした。

所属教会に電話をし、会長さんに「助産師を続けていくのは、つらすぎて無理です」と泣きながら訴えていた矢先、初対面の安田さんから直ちゃんの話を聞いたのです。

心倒れそうになると、どこからともなくあめちゃんが届く。「教祖《おやさま》が届けてくださったんやわ。親神様が、もうちょっと頑張れって言うてはるんやわ」と、ギリギリで思いとどまる。

思い返せば、こんなことが何度あったことでしょう。

かつてお世話させていただいた方が、あるいはその方につながる別の方が、私のピンチになると現れるから、不思議。

『たすける理がたすかる』を実感すると、頑張る力が湧いてきます。

神様は厳しいことと、ご褒美とを両方使って私たちを成人させるべく働いてくださっています。そのタイミングは絶妙、正に神業《かみわざ》です。

ご褒美をいただくと誰もがうれしくて、心明るく弾《はず》みますよね。私も同じです。だから、助産師を続けられるのかもしれませんね。

# 私が助産師になった理由《わけ》（前編）

## 遠回りした助産師の道

私が助産師になったのは平成十二年四月、三十五歳のときです。遅咲きというか、かなり遠回りをしました。その山あり、谷あり、崖《がけ》っぷちありの道中を恥ずかしながら振り返ってみます。

私は大阪の高校を卒業後、医療系の専門学校を出て、医療秘書として内科病院に勤務していました。二十三歳で結婚しましたがいろいろあり、おぢばの修養科修了後二十五歳で離婚、仕事を辞めて実家に戻っていました。

歯科医院の受付をして働いていましたが収入は少なく、先々一人で食べていくことを考え、何か免許を取ろうと決心しました。そして二十八歳のときに、食いはぐれのなさそうな看護師を目指して、まず准看護師学校へ入学しました。

病院で働きながらの勤労学生生活を送り、三十歳で正看護師の学校へ進学。平成九年春、三十二歳で晴れて看護師になることができました。

大阪市内の病院に就職して、精神科と内科の混合病棟に配属となりました。新人看護師には、プリセプターと呼ばれる指導者がついて、厳しい新人教育・指導を受けます。宿題もどっさりでるので、休みの日も家にこもり宿題に追われる日々でした。

プリセプターに宿題を提出しても、

「抜けているところがあります。やり直してください」

と言われ、再提出、再々提出しても「やり直してください」と返ってきます。こんな事が何度もあって、見直してもどこが抜けているのかわからなくなり、精神的に追い込まれて余裕がなくなっていきました。

「これ以上無理！」と、そのまま提出したところ、「ＯＫです」と言われたのです。

このことで私の緊張の糸がプツンと切れたようで、まもなく胃潰瘍となり入院。就職して二カ月が過ぎた六月に休職してしまいました。

入院中、プリセプターから電話があり、

「私の指導が行き過ぎていたと反省しています。やり方を変えますので戻って来てください」

とのこと。

胃潰瘍も良くなり退院し、そろそろ職場復帰を考えていた矢先に風邪をひきました。

その風邪がこじれて副鼻腔炎《ふくびくうえん》となり、近所のT耳鼻科にかかりましたが〝頬の痛み、頭痛、頭重感、身体のだるさ〟と症状が激しいので、大学病院を紹介されました。

このときは、頬のところにある上顎洞《じょうがくどう》に膿《うみ》が溜《た》まっていたので、ロシアで行われているヤミックという新しい方法で、副鼻腔に圧力をかけて排膿《はいのう》する治療を受けました。しかし、膿は出ません。

後でわかったことですが、このヤミックという方法で圧をかけたことで、膿は排出されないどころか鼻の奥深く、目の後ろにある「蝶形骨洞《ちょうけいこつどう》」へと押し上げられていたのです。

治療後、ますます症状は重くなり、再び大学病院の耳鼻科を受診しましたが、もう上顎洞に膿は溜《た》まっていないからとのことで脳神経外科へと回されました。

しかし、脳神経外科でも問題ないと言われ、医師は「症状の原因は精神的なところから来ているかもしれないので、精神科も受診してください」と、精神科への紹介状を書き始めたのです。

ちょうどそのとき、CTスキャンとMRI検査のキャンセルが出たとのことで急遽《きゅうきょ》、検査を受けました。

検査後、私のフィルムを見た先生方が急に慌てだし、

「手術室の空きがあるか、確認しろ！」

と言い出したのです。

「蝶形骨洞内の粘膜《ねんまく》が腫《は》れ上がってぐちゃぐちゃになり、腫瘍《しゅよう》らしきものも見えます。何が原因でそうなっているかはわかりませんが、早く手術しないと蝶形骨洞内を走行する視神経がやられて失明してしまいます」

と言うのです。

しかし、その日は手術室の空きがなく、「とりあえず今日は、ステロイドホルモンと抗生剤の点滴をして帰ってもらい、明日の朝一番で手術します」との説明を受けました。

## 「さわるな」で終わった手術

診療の終わった耳鼻科外来診察室の一番奥、カーテンで仕切られたベッドに横になり点滴を受けていると、誰もいないと思ったのでしょうか、先生方が話し合いを始めたのです。

「こんなぐちゃぐちゃな蝶形骨洞、今まで見たことないわ」

「どうせマリグナンシー（悪性）ちゃう？」

「明日の朝一番でオペやで、どうせ開けてもたすからへんで」

「三十二歳の看護師か。結構べっぴんや。かわいそうになあ」

といった言葉が、カーテン越しに耳に入ってきました。

「これって……、私のことやわ……」

途端に身体は震えだし、頭の中が真っ白に……。

この日、どうやって家まで帰ったのか思い出せません。一睡もできないまま朝になり、家族に連れられ大学病院へ。耳鼻科外来から、そのまま手術室へと運ばれました。

鼻孔《びこう》から内視鏡を使い、蝶形骨洞へ達する開放手術を受けました。歯医者さんで治療のときに使うような局所麻酔での手術なので、意識は普通にあります。

蝶形骨洞の粘膜は、熟《じゅく》しきって崩《くず》れる寸前のイチゴのようになり、見るも無残な状態だったそうです。術中、腫れ上がった腫瘍部組織の一部をとり、迅速《じんそく》細胞診で調べると、「炎症性病変です。悪性ではありません」とのこと。
「やれやれ、悪性ではなかった。命拾いした」とホッとしたのもつかの間、
執刀した先生が突然、慌てだし、
「脳外科の先生を呼んでくれ！」
と言い出したのです。
手術室内に三人もの脳外科医が呼ばれ、私の頭の後ろでヒソヒソと何やら
話し合っています。聞こえてきたのは、
「さわるな、さわるな」
という小さな声。手術は、その小声と共に終了しました。「何が『さわる
な』なんかな?」と疑問に思いながら病室に運ばれました。
退院当日、執刀した先生が私のところに来て、
「あなたの蝶形骨洞の病変は炎症によるものでした。その炎症がひどい状態

で粘膜は腫れ上がり、一部は溶《と》けていました。

実は、溶けていたのは粘膜だけでなく脳と蝶形骨洞を隔《へだ》てている骨、要するに脳をのっけている分厚い骨までも溶かしていました。内視鏡で蝶形骨洞内部の一番奥を見たら、脳が透《す》けて見えたのです。

どうしようかと脳外科医に、手術室に来てもらって相談したところ、『さわらない方が良い』とのことだったので、溜まった膿が鼻孔へ流れ出る道だけをつくって手術を終えました。

今後も風邪をひいて、副鼻腔炎になったら、感染が脳に及び脳炎になる可能性があります。脳炎になったら命の危険もありますし、たすかっても頭がおかしくなってしまいます」

と言い、病室を出て行ったのです。

「これから先、風邪をひかないで生きていくことなんかできない……。脳炎になったら……頭がおかしくなったらどうしたらいいんやろう」

お先真っ暗のまま退院となりました。

翌日、復職予定の勤務先に今の病状を話して、「復職はいつになるかわかりません」と伝えると、

「ここの病院にも耳鼻科があるのに、どうして自分の勤める病院で診てもらわないのよ！」

看護部長の逆鱗《げきりん》に触れ、なんとクビになってしまいました。

## スタートはどん底から

鼻からの出血が止まらず、職も失い、私は心も身体もどん底の状態でした。

人間、どん底のときには涙も出ないものです。〝泣く〟という心の余裕がないのです。

そうした中、呆然としながら心にわいてきた思いは「看護師になってこれからっていうときに、なんで神様はこんな事しはるねん。どういうこと！」という憤《いきどお》りでした。

無性に腹が立ち、鼻に綿花を詰めマスクを三重にして神様に文句を言うため、おぢばへ向かいました。

京阪電車のＫ駅に着き、四番線ホームに止まっている準急に乗り込むと、「三番線を特急が通過します。しばらくお待ちください」

と車内アナウンスが聞こえてきました。

「もし、脳炎になって頭がおかしくなるんやったら、そのときはあの特急に飛び込んで死のう」ボーッと向かいの三番線を眺《なが》めていると、ホームにいた青いジャンパーを着たおじさんが突然走り出し、あっという間にその特急電車に飛び込んだのです。ホームにいた人からは悲鳴が上がり、特急電車は金属音を立てて急停車。

間近で目撃した私は、頭を金槌《かなづち》で叩かれたような衝撃が走りました。

「自殺だ！　私がしようとしたことは、どういうことなのか見せていただこう」

反射的に準急から降り、急いで三番線側に向かおうとして、何かにつまずきました。

それは、飛び込んだおじさんの腕の一部でした。ちぎれた青いジャンパーと共に親指らしきものだけがついていました。周囲には足首、頭の一部、肉片が飛び散り、見るも無惨な有様……。

「あかん！　こんなことしたら絶対あかん。こんな姿、親に見せられへん。じゃあ、どうしたらいいの、どう生きればいいの。親神様、なんでこんな病気にしはるんですか」

頭の中が混乱したままおぢばに着きました。足早に神殿に駆け上がり、賽《さい》銭箱《せんばこ》にお供えを思いっきり投げつけて、

「神様、なんでですか！　全然喜べません！　でも、なんか意味があるんですよね。私にわかるように教えてください！」

かんろだいをじっと睨《にら》みつけながら、親神様に私の怒りのすべてをぶつけました。

教祖殿に向かう廻廊を歩いていると、鼻からの血がマスクにしみ出してきました。血だらけのマスクに阿修羅《あしゅら》のような形相《ぎょうそう》の若い女が、床板をドンドン踏み鳴らしながら歩いているので、すれ違う人はギョッとした表情で私を見ています。

教祖《おやさま》の御前に座ると、ひとりでに涙がこぼれてきました。あたりまえのことですが、このとき「人間は必ず死ぬ存在である」ということを泣きながら

痛感しました。

そして、「今、この病気で出直すとしたら何を後悔するかなあ」と思案を巡らし、真っ先に心に浮かんだのは、看護学校時代の実習で見たお産の現場でした。

私はこのとき、「お産ってスゴイ！　助産師さんってスゴイ！」と強烈に心を揺さぶられました。映画を見たり、本を読んで感動した、というのとは比較にならない、味わったことのないものを感じたのです。看護学校の先生から助産師学校への進学を勧められましたが、命の誕生に係わる助産師の仕事は、私には無理だとあきらめていたのです。

しかし、死がちらつく重い病気になった今、今生での悔いを残さないために、どうすればいいのか。教祖の前で真剣に思案し、

「教祖、このままでは終われません。この病気が治ったら、絶対に助産師に

なってみせます！」

とお誓いしました。

普通、ようぼくでしたら神様に文句を言ったり、かんろだいを睨みつけたり、教祖に「なってみせます！」なんて〝こうまん〟なことは言わないですよね。

これは頑固で気の強い、私の性格を見抜いておられた親神様の巧妙な作戦だったのです。もちろん、このときは親神様の作戦だとは気づいていません。

どんな作戦だったのか、親神様の目標・目的はなんだったのか、その詳細は後編で。

# 私が助産師になった理由（後編）

## 捨てる神、拾う神

平成九年七月、鼻から血を流しながらおぢばに帰った翌日、西宮市にある所属教会へ参拝に行きました。これが最後になるかもと覚悟の参拝です。貯金を全部お供えし、親奥さんに今までのことを話すと、おさづけを取次いでくださいました。そして終わるやいなや、

「このお供えを今から書留郵便で送れば、明日の大教会の祭典に間に合うから、一緒に郵便局へ行きましょう」

と言います。

私は言われるがまま郵便局までついて行き、窓口で手続きしているのを後ろでボーッと見ていました。

手続きが終わると親奥さんは振り返って、

「神様が必ずたすけてくださるから。大丈夫！」

私はほんまにたすけてくれはるんかなと、何だかよくわからないまま、暗い気持ちで帰路につきました。

帰り道、クビになった病院に残っている私物を取りに行きました。看護師詰所の入り口で、

「このたびはご迷惑をおかけして申し訳ありません」

と頭を下げましたが、誰一人として仕事の手を止めてくださる方はいませんでした。

この病院では中途退職者が出ても、年度が変わる四月までは欠員補充がありません。私が抜けた分、その病棟の看護師は来年三月末まで負担が増えて、しんどい思いをしないといけないのです。

「それでなくても忙しい病棟なのに、あなたが辞《や》めたせいで私たちは大変な思いをしないといけないのよ」という雰囲気が漂《ただよ》っていました。その理由が病気であってもです。

看護部長室にも挨拶に伺いましたが、会ってもいただけませんでした。惨《みじ》めな気持ちで通用口を出ると、病院の隣にある天理教の教会から「みかぐらうた」が聞こえてきました。その日は月次祭だったようです。しばらく教会の前に立ち、心が倒れそうになりながら、喜べることを探しました。

崖《がけ》っぷちに立っているものの、まだ生かされていることを無理矢理でも喜ぼうと精一杯でした。涙が鼻腔《びくう》へ流れ、手術の傷跡がジンジン痛みます。

病院からの帰り、最初に受診して大学病院を紹介してくださったT耳鼻科の先生に、退院したことを伝えに行きました。

大学病院での出来事を話すと先生は、

「あんた、勤めていた病院を辞《や》めたんやったら（本当は辞めさせられたのだが……）ここに勤めなさい。ここは、耳鼻科やからいつでも診てあげられる。そうしなさい。来週からおいで」

と私を雇ってくれるというのです。

看護師の募集をしているのではなさそうやし、どうしよう。ありがたいけれど、ご迷惑になるんとちゃうかなと戸惑っていると、それを察した先生は、

「ワシ、三年前に胃癌の手術したときにいろいろあってな。今のあんたの気持ち、ようわかるんや。来年の三月まで働いてもらうわ。これで、どや！」

これまた何だかよくわからないまま、T耳鼻科に勤務することに……。

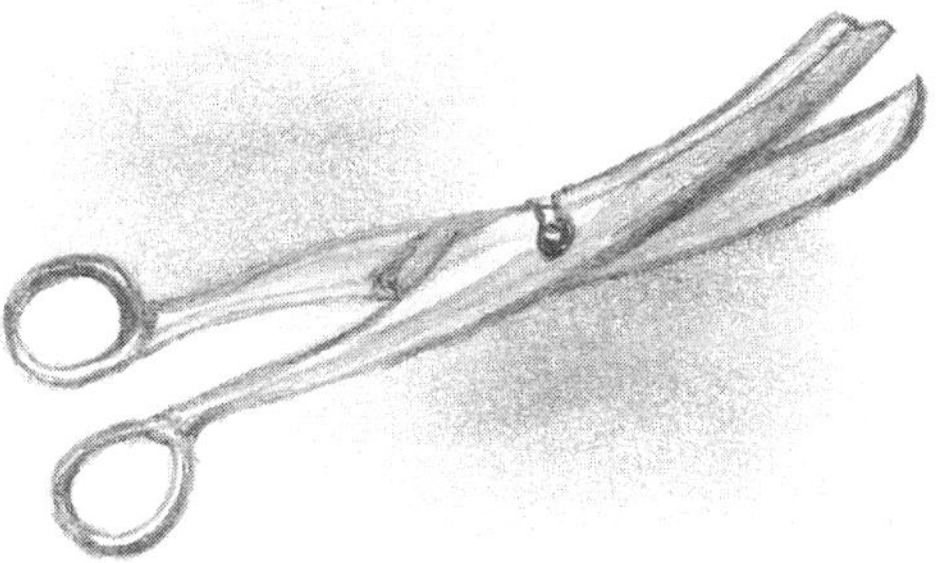

これは一体何なんでしょう？　一方ではクビになり、もう一方では雇っていただけるというのです。しかも、職場が耳鼻科というのは退院後も経過観察が必要だった私にとって、最高の環境です。

一日のうちで、ジェットコースターのように上ったり下ったり。いえいえ、下ったり上ったりと自分の意志以外のところで、物事が動き出しました。

## 「ハサミを使う仕事を……」

耳鼻科医院で診てもらいながら翌年三月

末まで働き、四月から助産師になるための第一歩として、産科専門のA病院に就職しました。

A病院は、この地域で最も分娩件数が多く忙しい職場です。入職して三カ月が経っても仕事をこなすだけで、精一杯の毎日。助産師学校受験の勉強を続ける気力を失いかけていた頃、親神様が練《ね》られた作戦に気づいた出来事がありました。

ある日、ベテラン助産師の松本さんが一個のハサミを取り出し、

「目黒さん、このハサミは臍帯剪刃《さいたいせんとう》といって、へその緒を切るためのハサミなの。へその緒は、トコロテンのようにツルツルしているでしょ。だから注意して切らないと危ないのよ。二、三回に分けてザクッ、ザクッと気をつけながら切るように、わざと切れ味を鈍《にぶ》くしてあるの。

刃先が丸くて上に反《そ》っているのは、へその緒を切るときに赤ちゃんのお腹

の皮膚をキズつけないようにするためよ。助産師だけが使う特別なハサミなの」

私に手渡して、

「ほら、よく見てごらん」

と言いました。

このお話を聞いてハッと思い出した事があります。

私がおさづけの理を戴いたのは、昭和五十七年七月十七日、十七歳のときです。

その直後、教祖殿で待っていた所属教会の前会長さんが、

「和加ちゃんは、数字の七に縁《えん》があるなあ。七というのは『たいしよく天』の神さんのお働きで、『切る』ということや。生きていく中で切ることは滅多に使うことではないけれど、上手《うま》く切れないことで人生が翻弄《ほんろう》されることも

ある。上手に切っていただくのも神様の大切なお働きやで。だから和加ちゃんは将来、ハサミを使う仕事をしなさい」

と言いました。当時高校生だった私は、よくわからないまま「はい」と返事をしたことが鮮明によみがえってきたのです。

「前会長さんが教祖殿で言わはったハサミって、このハサミのことや！」と息をのみました。

「離婚したことも、看護師になってすぐ大病したことも、クビになったことも、私を助産師にさせるためなんや……」

親神様の作戦に気づいた瞬間でした。

臍帯剪刃を手にしたこの日は、奇《く》しくもおさづけの理をいただいた日と同じ七月十七日であることに気づき、全身に鳥肌が立ち、言葉が出ません。

「何でか理由はわからんけど、どんなことをしてでも私を助産師にさせるつもりやわ」

神様の強いおせき込みが私の胸を貫いて、魂に突き刺さったような感覚でした。

この日を境に助産師学校の入学試験を目指し、まっしぐらに猛勉強。病院長からの推薦もあり、その年に合格することができました。

## 曲げてでも、引き寄せる

助産師学校の学生だった頃、風邪から副鼻腔炎が再発、急性増悪《ぞうあく》して実習先の大学病院の耳鼻科で診てもらったときのことです。

私の蝶形骨洞《ちょうけいこつどう》を撮影したフィルムを見た医師は、口を開けたまま黙ってしまいました。

二年前（平成九年）の手術のことを医師に告げると、

「あなたの骨は本当に溶けたようですね。ペラペラに薄くなっています。もう一回手術しないといけなくなっても、僕には無理です。恐くてさわれません。でも、このまま放っておけませんから、抗生剤とステロイドの点滴で炎症を抑えましょう」

と言うと、もう一度フィルムをジィーっと見直し、何か考えている様子。

おもむろに、

「骨まで溶かす炎症だったのに、どうして視神経がやられなかったのかな？人間の身体の中で一番硬いのは骨だから、骨が溶けたのに視神経が溶けずに失明しなかったのは奇跡ですね」

と言うのです。

『保健師助産師看護師法』の中に〝絶対的欠格事由〟というものがあり、「目が見えない者、耳が聞こえない者、口がきけない者」はこの職業の免許は取得できないと定められています。

神様は私を助産師にするために、視神経を守ってくださったんやわ。感謝の思いと共に「どうでもこうでも助産師にするぞ！」という神様の決意が伝わってきました。

こうして助産師になったのですが、『なった』というより『ならされた』と言った方がピッタリかもしれません。

鼻から血を流しながら、おぢばに参拝したあのときを振り返ると、親神様と教祖《おやさま》が内線電話で申し合わせていたようで、思わず苦笑い……。

親神様「助産師にする例のあの子、そっちに行ったからよろしくね」

教　祖「はい、わかりました。あっ、恐い顔して来ました。泣きながら助産師になってみせると言うてます。予定通りです」

親神様「まんまと作戦に、はまったようや。よしよし（笑）」

こんなやりとりがあったのかしら……。

いかなるのやまいとゆうてないけれど
みにさわりつく神のよふむき
（おふでさき　四　25）

こうして何度か副鼻腔炎を再発しつつも、病と折り合いをつけ、脳炎にはならずに現在に至っています。

神様の作戦は〝私を助産師にすること〟でした。では、なぜ私を助産師にしようと思われたのか、助産師にして何をさせたいのか。

「神様なんでですか！　なんか意味があるんですよね。私にわかるように教えてください！」

との問いに、長い年月をかけてゆっくりと、噛《か》んで含めるように返事をくださっています。その真の目的を、私なりに悟らせていただいている道中というところでしょうか。

今、この本を手にとって読んでいることが、助産師にさせるための『神様の作戦』かも？　なんてことになったりして。読者の中から助産師を目指す方がでて来てくださったら、うれしいですね。

# まっすぐな心

## 消えた赤ちゃんとお母さん

ここは大阪の郊外にある産科専門のA病院です。

助産師になってまだ二カ月目の私は、分娩介助に自信が持てず、ビクビクしながら勤務していました。

三日前の分娩介助では会陰《えいん》保護が上手くいかず、赤ちゃんが飛び出してしまい、お母さんのオシモの皮膚が深く裂傷《れっしょう》してしまいました。

その上、オロオロして羊水《ようすい》吸引もちゃんとできず、みるみる赤ちゃんは紫色に……。

見かねた先輩助産師が、赤ちゃんの口と鼻に詰まった羊水を吸引し、背中を摩ると元気に産声をあげました。

「私が未熟だから、お母さんと赤ちゃんに申し訳ないことをした」と、かなりへこんでいます。

そんなピヨピヨのひよこ助産師だった頃の経験です。

五月のある日、私は渡辺師長に付いて見習い当直勤務でした。

午後九時、救急隊から電話があり、

「そちらの病院で妊婦検診を受けている高橋より子さんを救急搬送《はんそう》します。すぐに産まれそうです。間もなく到着します」

渡辺師長が受話器を置くと、救急車のサイレンが近づいて来るではありませんか。

慌てて当直医師に連絡し、一階に降りると救急車が玄関に到着したところでした。ストレッチャーに乗せられている高橋さんは「ウワッー」と、大声で叫んでパニック状態です。

なんと救急車から分娩室に運ぶ途中、ストレッチャーの上で産まれてしまいました。

羊水が口、鼻にあふれた赤ちゃんは息が吸えず、苦しそうに手足をバタバタさせ、まるで溺《おぼ》れているようです。あまりに急なことで羊水吸引の道具もなく、羊水を拭うタオルすら持ち合わせていません。私は、とっさに自分の口で赤ちゃんの口と鼻の羊水を「チュー、ペッ。チュー、ペッ」と吸って、吐き出しました。

気道が通り「オギャー、オギャー」と産声をあげた赤ちゃんは、まるまるとした男の子でした。

翌朝午前五時、高橋より子さんがベビー室に来られ、
「赤ちゃんを部屋に連れて行ってもいいですか？　昨日は慌てていたので、ちゃんと顔を見ていないから……」
と言います。渡辺師長は赤ちゃんをおくるみにくるんで、高橋さんの部屋に連れて行きました。

三十分後、高橋さんの部屋に行ってみると、高橋さんと赤ちゃんの姿が見えません。荷物もありません。ベッド脇の床頭台には、「ご迷惑をかけてすみません」と書いたメモが残されていました。

高橋さんは妊娠九週で当院初診、その後は受診していませんでした。救急隊には「かかりつけの産院」と言われていたようですが、二度目の来院がお

産だったのです。

妊婦検診も一回しか受けていませんし、感染症の検査もしていません。母子手帳すらもらっていません。出産費用を払わず、赤ちゃんを連れての「産み逃げ」です。

警察にも連絡し、高橋より子さんを探してもらいましたが、名前も住所も電話番号も全てデタラメで結局、何もわかりませんでした。


当直明けで自宅に戻った私は、軽い咳《せき》をしていました。夜になると咳き込みだし熱も出てきました。

翌日、近所の病院に行くと肺炎と診断され入院となりました。

実は、高橋より子さんは出産後、産道の検査でＧＢＳ（Ｂ群溶血性連鎖《ようけつせいれんさ》球《きゅう》菌《きん》）陽性が確認されました。この菌は、ごくまれに産道を通っている最中の赤ちゃんに感染し、髄膜炎、敗血症、肺炎などの新生児重症感染症を起こすのです。私は口で羊水を吸引したときに高橋さんの産道にいたGBSに感染し、肺炎を発症したのでした。

そのことを知ったとき、「高橋さんの赤ちゃんも私と同じように肺炎になっているのでは」と心配になりましたが、どこでどうしているかわからないまま、月日が過ぎていきました。

## 精一杯の思い

その年の暮れ、私は親戚宅にお歳暮を届けに行こうとJR神戸線に乗っていました。普段はめったに乗らない路線です。車内はガラガラで人もまばらでした。

A駅から赤ちゃんを抱っこした女の人が乗って来て、私の向かいに座りました。何気なく顔を見るとその人は、あの高橋より子さんでした。

「あっ、高橋さんやわ！」

気になっていた高橋さん親子が目の前に現れたので、私は思わずかけ寄って、いきなり話しかけました。

「赤ちゃん、大きくなりましたね。元気そうで良かった。お産後の検査で産道のGBSという菌が陽性だったので、赤ちゃんが肺炎になってないか心配してました。大丈夫でしたか？」

高橋さんは一瞬、顔を上げました。が、すぐにうつむき、

「大丈夫です。元気です」

と、つぶやくように答えました。

「良かったわあ。大人でも肺炎はしんどいのに、赤ちゃんならもっとしんどいもの。よかった、本当に元気で良かった」

と、安堵《あんど》の笑顔で高橋さんを見ました。

しかし高橋さんは、うつむいたままで目も合わせてくれません。ニコニコ顔の私を赤ちゃんが、不思議そうに見上げています。

そうこうするうちに電車はT駅に着き、高橋さんは軽く会釈をして降りて行かれました。

「なんで、うつむいてはったんかな?……。あっそうか! そうやったわ」

扉が閉まり発車してから、高橋さんが出産費用を払わず、産み逃げしていたことを思い出しました。

それから一週間が経ったある日、院長室に呼ばれた私。

「叱られることやったっけ?」

ドキドキしながらドアを開けると、原田院長と渡辺師長がニコニコして座

っています。原田院長は、

「あんたはお母さんと赤ちゃんを思う心がまっすぐやなあ。この心はベテランになっても忘れたらあかんで」

と言って、一通の現金書留を渡しました。

「はあっ?」という顔の私。渡辺師長が、

「今年の五月に産み逃げした高橋より子さんから、出産費用五万円が送られてきたんよ」

その中に短い手紙が入っていました。

「若い助産師さんへ
先日、電車の中でお会いしたとき、私は入院費を払わずにいなくなったことをとがめられると思っていました。

ところが、助産師さんはこの子のことを心配してくださっていたようで、『肺炎にならないでよかった。元気でよかった』とそればかり。助産師さんの話を聞いていると、このまま払わずにいるのが心苦しくなりました。足らないとは思いますが、私にできる精一杯です。

本当にごめんなさい。

ありがとうございました」

高橋より子さんのご主人は○○組の組員で傷害事件を起こし、刑務所に入っていたときに出産となったようです。おそらく最初から「産み逃げ」するつもりで、自宅から遠い県外の病院を選んできたのでしょう。

〝まっすぐにお母さんと赤ちゃんを思う心〟に触れて、高橋さんの心が動いたのでしょうか。

## レントゲンに写る初心

思わず口で羊水を吸引したとき、

「ようやるなあ。ワシにはでけへんわ。感染恐いもん」

と医師。

肺炎になったとき、渡辺師長からは、

「自分の身体は自分で守りなさい。二度と口で吸引しないで」

と叱られました。

確かに感染の危険があるので、私のとった行動は医療者として良くないのでしょう。

でも、羊水で口、鼻がふさがれ息が吸えず、目を白黒させて手足をバタつかせている赤ちゃんを目の前にしたら、教祖《おやさま》ならどうされるでしょうか。

『稿本天理教教祖伝逸話篇』「一二九　花疥癬《はなかいせん》のおたすけ」の中に、看護ようぼくのひながたがあるように思います。

明治十六年、今川聖次郎の長女ヤス九才の時、疥癬にかかり、しかも花疥癬と言うて膿《うみ》を持つものであった。親に連れられておぢばへ帰り、教祖の御前に出さして頂いたら、

「こっちへおいで。」

と、仰《お》っしゃった。恐る恐る御前に進むと、

「もっとこっち、もっとこっち。」

と、仰っしゃるので、とうとうお膝元まで進まして頂いたら、お口で御自分のお手をお湿《しめ》しになり、そのお手で全身を、

なむてんりわうのみこと　なむてんりわうのみこと

なむてんりわうのみこと

と、三回お撫で下され、つづいて、又、三度、又、三度とお撫で下された。ヤスは、子供心にも、勿体なくて勿体なくて、胴身《どうみ》に沁みた。

翌日、起きて見たら、これは不思議、さしもの疥癬も、後跡《あとかた》もなく治ってしまっていた。ヤスは、子供心にも、「本当に不思議な神様や。」と思った。

ヤスの、こんな汚ないものを、少しもおいといなさらない大きなお慈悲に対する感激は、成長するに従い、ますます強まり、よふぼくとして御用を勤めさして頂く上に、いつも心に思い浮かべて、なんでも教祖のお慈悲にお応えさして頂けるようにと思って、勤めさして頂いた、という。

以前、こんなことがありました。

陣痛が来て入院したものの、途中から痛みが弱くなり、へこたれそうになっていた初産婦の加藤さん。

歩くと陣痛が復活することがあるので、加藤さんに付き添い医院の廊下を歩いたときのことです。

歩き出してしばらく経った頃、強い陣痛がきて加藤さんは思わず、私の首にしがみ付きました。

と、同時に私の首筋に、一時間前に食べた昼食を全部嘔吐《おうと》したのです。「目黒さん、ごめんなさい」と謝っている加藤さんに私は、

「吐くようになったら、いい陣痛になって来るサインやで。『吐き産は進む』って昔から言うねんよ。これでいけるわ。頑張ろうね」

と、笑顔で声を掛けました。

出産後、加藤さんは、次のように言いました。

「くさい吐物《とぶつ》にまみれているのに、うれしそうな目黒さんの姿が、倒れそう

になっていた私の心を『頑張って産むぞ』という心に変えてくれました」

「母児ともに無事にお産が終了するのはあたりまえではない。奇跡だ」と思っている私にとって、吐物を浴びることなどはなんでもありません。「どんなことでもさせていただきたい」その一念です。

まっすぐな心とは、自分のことはどこかに飛んでいき、目の前のお母さんと赤ちゃんをたすけるために切り替わる、瞬間の心だと考えます。

毎年、職場の健康診断で胸部レントゲンを撮ると、肺炎の治った跡が右肺野に写ります。その陰影を見るたびに、新米助産師の自分と今の自分を鏡に映すように見比べます。今のところ、『まっすぐに、お母さんと赤ちゃんを思う心』は変わらずに助産師を続けています。

これからもその心だけは、変わらずにいたいと思います。

# 子宮の気持ち

## 各駅停車と新幹線

助産師になって四年目の平成十六年夏、分娩《ぶんべん》数が多くて産婦の顔も名前も覚えられない病院から、じっくりとお産に向き合える小さなC産科医院に転職しました。

一人ひとりのお産を丁寧《ていねい》に振り返る中で、子宮と赤ちゃんとの間には、目には見えない何かがあることに気づいていきました。

予定日の二十日前に陣痛が来て入院した辻さんは、第一子・第二子ともにこの医院で出産した三人目の経産婦《けいさんぷ》です。第二子のお産はとても安産で、「初産のときは時間がかかってつらかったけど、二度目は楽ねえ。こんなに楽なら、もう一人ほしいわ」

その言葉通り、すぐに三人目を妊娠しました。

お産の進み方は初産婦と経産婦では大きく違います。

電車にたとえると、初産婦は始発駅から終点まで「各駅停車」でゆっくり進み、分娩所要時間は平均十二〜十五時間。

経産婦の分娩所要時間は初産の約半分で、初めは各駅停車ですが、子宮口の開きが四〜五センチを境に、急に新幹線に乗り換えるのが特徴です。乗り換えるやいなや、どこにも停《と》まらず一気に加速し、あっという間に子宮口は全開大《ぜんかいだい》（一〇センチ）となることが多々あります。

新人の頃、子宮口六センチの経産婦を分娩台に乗せ、産婦に背を向けて手を洗っている間に一気にお産が進み、振り返ったら胎児の髪の毛が見えていて、大慌てしたことがありました。

どこで新幹線に乗り換えるのかを見極め、タイミングよく分娩室へ入室させることが重要なのです。

辻さんの陣痛は四〜五分おきになり、子宮口が五センチに開いたので教科書通り、陣痛室から分娩室へ移動。今回も第二子のお産と同様にスルッと産まれるだろうと、本人もご主人も私も思っていました。

「さあ新幹線に乗り換えるぞ」と待ち構えていましたが、いつまで経っても乗り換えません。各駅停車のままです。

経産婦の産道は柔らかいので、胎児は下がりやすいはずなのに、なかなか骨盤内に降りてこないのです。

「なんで？」と思いつつ内診すると、胎児の妙な動きが指先に伝わってきました。児頭《じとう》が右、左と小刻みに動いています。

実は一時間前に内診したときも同じような動きをしていました。

「赤ちゃんが産道の入り口で首を振ってるわ。何をしているんかな？」

疑問に思いましたが、そのときは理由があることに気づきませんでした。

四～五分おきの陣痛は強くも弱くもなりません。

辻さんは、

「三人目なのに、初産みたいに時間がかかってしんどいです」

と、疲労と困惑が混じった表情をしています。

「赤ちゃんは元気ですから、焦《あせ》らずにいきましょう」

となだめますが、私も内心「なんで新幹線に乗り換えへんのかなあ。なんか違うわ」と思っていました。

その後も胎児は小刻みに首を振りながら、ゆっくりゆっくり産道を降り、結局十五時間かかって出産。

元気に産まれてきた赤ちゃんを見て「あっ、そういうことやったんか」と、クイズの答えが解けたような気持ちになりました。

赤ちゃんの首にへその緒が二重に巻きついていたのです。

「赤ちゃんは巻きついたへその緒を緩《ゆる》めるために首を振ってたんや。産道を降りるのに苦しくないよう、なんとか折り合いをつけてたんか。だから、子宮も陣痛の間隔《かんかく》を四～五分おきのまま強くせず、『慌てんでいいよ、ゆっくりでいいよ』と、赤ちゃんのペースに合わせてたんやなあ」

教科書には書かれていない胎児が産まれ出る仕組みに気づいたとき、言葉にならないほど感動しました。親神様のお働きを指先に感じたような気がして、身も心も震えました。

## 子宮は何でも知っている

初産婦の中野さんは、妊娠経過に何の問題もなく元気に過ごしていました。出産予定日におしるし（少量の出血）があり、その二日後の夜中に陣痛が来てお産が始まりました。

電話では、

「十分おきに生理痛のような弱い痛みが来ていますが、まだまだ我慢できる程度です。破水《はすい》もしていないし、赤ちゃんはよく動いているのですが、おしるしの量が増えてきたので心配になり電話しました」

この程度なら、自宅で様子を見てもらおうと思いましたが、中野さんの家は産科医院のすぐ近くなので、

「近所だし、今から診察に来てください」

と返答し、当直の菊池先生に連絡。

中野さんはすぐに来院し、先生の診察を受けました。

子宮口は一センチ開大、児頭《じとう》の位置も高く、まだ骨盤の中に下がっていませんし、破水もしていません。

しかし、中野さんの言うように暗赤色でトロ〜ッとしたおしるしが、少し多いように思いました。

菊池先生は、

「まだまだ入院する所見《しょけん》ではないですね。胎児心拍《しんぱく》モニターで赤ちゃんの元気さを確認してから帰ってもらいましょう」

と言うので、陣痛室でモニターを装着《そうちゃく》しました。

やはり九分〜十分間隔の弱い痛みで、赤ちゃんはとても元気です。

四十分後にモニターを外し、もう一度おしるしを見ると、先ほどより量も増え、ネバネバしていました。

「こういうおしるしは、お産が進むサインなんやけど。先生はまだまだって言うし……。中野さんも余裕の表情やしなあ……」

しかし、何か引っかかりを感じ、念のためその場で内診してみると、子宮口が五センチも開いています。モニターをつけていた四十分間に、弱い陣痛が五回しか来ていないのに、

「一センチが、五センチになっている？　えっ、ほんまに？」

私は自分の指の感覚を疑いました。

お産は十分おきの陣痛が規則的になったところをスタートとします。ということは、中野さんのお産は始まったばかり。

初産婦の分娩所要時間は平均十二〜十五時間かかりますから、ものすごいスピードでお産が進んでいるのです。

全く予想外の事態に、私は自分の内診所見が信じられず、すぐに菊池先生に連絡し内診してもらうと、

「目黒さん、七センチ開いてるで。児頭も下がってる。初産やけど、ものすごく進み早いわ。分娩室に入室や」

私が内診してから医師が内診するまで、陣痛は一回しか来ていません。

「えっ〜。先生、ほんまですか？」

「ほんまやがな。早く分娩室に連れてって」

と急き立てられ、慌てて隣の分娩室へ。

分娩台に乗せ準備が整ったそのときです。中野さんの表情が一変し、いきみが入った途端にバシャッと破水。

なんと、羊水に多量の血液が混じっています。

それを見た先生が、

「血性羊水《けっせいようすい》や。やばい！」

と、叫びました。血性羊水とは胎盤剥離《たいばんはくり》兆候の一つです。

「うわっ、胎盤が剥《は》がれかけてるわ。早く赤ちゃんを出さないと危ない！」

と思った瞬間、赤ちゃんがスルスルッと出てきました。

そして、なんということでしょう。赤ちゃんと一緒に胎盤も付いてきたのです。

元気な赤ちゃんと胎盤とを同時に受けた私は、キツネにつままれたような顔で、

「おめでとうございます」

と言いました。


通常、胎盤は赤ちゃんが産まれると、栄養と酸素を送る仕事がお役御免《ごめん》と

なり、数分後に剥がれ始めます。産まれたのを見届けてから、じわじわと子宮壁から離れていく感じです。完全に剥がれきり、体外に出たところでお産は終了となります。

よく見ると、へその緒が極端に短く通常の半分の長さしかありません。赤ちゃんが産道を降りる際に胎盤も引っ張られ、ペリペリ剥がされて一緒に出てきたようです。

菊池先生は出生証明書を書きながら、

「へその緒がめっちゃ短かったから、赤ちゃんが産道を降りる最後のところで、胎盤が一気に引っ張られたんやな。ギリギリセーフやった。へんてこりんなお産やったなあ。こっちの心臓が止まるかと思ったわ。お産はほんまに恐い。でもすごいなあ。目黒さん、どう思う?」

と聞かれた私は、

「への緒が短いことを子宮はわかっていたので、陣痛を強くせず、胎盤にかかるストレスを最小にして、速《すみ》やかに子宮口を開いたと思います。胎盤が剥がれきる前に、赤ちゃんを娩出《べんしゅつ》させようとしたのではないでしょうか」

先生は黙ってうなずいていました。

## 先輩からの教え

超多忙な病院に勤務していた頃、陣痛が弱ければすぐに促進剤の点滴をし、それでも長引きそうなら帝王切開をするのが定番のようになっていました。忙しすぎてお産を振り返らない、考えない助産師になっていたのです。

けれども、小さな産院で自然分娩と真正面から向き合うようになってから「あれ？　このお産、なんか違う」と、漠然《ばくぜん》としたものを時折、感じるようになりました。

違いが何なのか、なんで違うのかを考えるとき、自分が子宮だったら胎児を無事に産み出すためにどうするだろうかと想像すると、「あれっ？」と感じた違和感の中味が、おぼろげに見えてきたのです。

公益社団法人日本助産師会の会長・岡本喜代子氏は次のように述べています。

「開業助産師として、七年間という非常に短い間であったが、開業して、はじめて自然分娩の仕組みのスゴサを知った。

DNAの世界的権威の村上和雄氏は言う『体に起こる現象の内、一つとしてDNAの中に組み込まれていないものはない』と。ということは、陣痛発来《はっらい》を始め、分娩の機序《きじょ》（メカニズム）は、DNAの中に組み込まれていることになる。

一万例、二万例お産を取り上げたベテラン助産師さんは言う、自然の経過では、『来てはいけない陣痛は来ない』と。その典型例が、子宮破裂が起こると、児頭が会陰《えいん》から見えていても、陣痛はピタッと止まるという。また、『強くなってはいけない陣痛は、強くならない』と。臍帯巻絡《さいたいけんらく》（へその緒が胎児の首や体に巻きついている）が幾重かあっても、児頭が大きくても、回旋《かいせん》（産道を降りて来る際の胎児の回り方）がおかしくても、陣痛は強くならない。臍帯過短（へその緒が短すぎる）の場合は、陣痛はなかなか発来しないし、発来しても、陣痛は強くならない。母子の二つの生命を守る自然分娩の不思議ともいえる巧みな仕組みに改めて驚嘆《きょうたん》した」

（日本助産師会機関誌『助産師』二〇一二年八月号より）

私は助産師学校でも、就職した病院でも科学的根拠／証拠（エビデンス）

のあることしか教わっていません。エビデンスに基づいているかどうかが最も重要であると教えられました。

しかし経験を積めば積むほど、それだけではないように思えてなりませんでした。そんなとき、この文章に出会ったのです。ようぼくの私からみると、出産のスゴサとは神様のお働きそのものです。

助産師の大先輩は、子宮は赤ちゃんをはぐくみ育てるだけでなく、無事に産み出すためのスゴイ役割があることを知っていたのですね。

こういう話をもっと早く、できれば学生のときに聞いておきたかったなあと思いました。

エビデンスを重視した産科学だけでなく、子宮の気持ちになって考えてみる助産学も次世代の助産師に伝えていきたいと思う、今日この頃です。

# 「お父さん」に変身

## 「いい波来てるから……」

私が勤務する産科医院は海のすぐ近くにあります。この辺りはサーフィンが盛んで、休日になるといい波を求めて沢山の若者が海辺に集まります。南風が吹き、白波立つ快晴の日の出来事です。

初産婦の川島千春さんは、夜中に陣痛が本格的になり入院していました。夜勤からの申し送りを受けた私が陣痛室に行くと、実母が腰を摩《さす》っています。

その頃子宮口は七センチ開大。川島さんは一昨日から弱い陣痛があり、二日間まともに寝ていません。髪の毛はグチャグチャで目の下にクマができ、唇は乾いてカサカサです。それでも「フーッ、フーッ」と弱音を吐かずに頑張っています。

「ご主人さんは？」

と尋ねると、

「もうすぐ来ます。母も寝てなくて疲れているので交代してもらいます」

「今から全開大（一〇センチ）するまでが一番しんどいところやから、ご主人さんに居てもらったら安心よね」

「はい。早く来ないかな……」

しばらくしてご主人が来ました。来たことは来たのですが、ウェットスーツにビーチサンダル履きです。医院の玄関前には、サーフボードを載せた自転車が停めてあります。陣痛室に入って来るなり、

「グァム島沖に台風があって、いい波来てるから、ちょっと海に入って来るわ。大会も近いし」

私は唖然《あぜん》としました。心の中で「こんなときに何を言うてんねん」と思い、千春さんを見ると表情が一変しています。

「どうぞ、海でもどこでも行ってらっしゃい。母と助産師さんがいてくれるからあなたはいなくてもいい」

恐い顔で言い放ちました。

ご主人は「なんでそんなに怒っているの?」と、言わんばかりにポカ〜ンとしています。

「男がいても何もできませんし、助産師さんよろしくお願いします。三時間くらいしたら戻ります」

と、私に頭を下げ、さっさと海に出かけて行ったのです。

その後、千春さんは怒りをエネルギーに換《か》えたようで、疲れが吹っ飛び、お産が急に進み出しました。分娩室に移動して様子をみていると、受付のスタッフが、

「あの〜、ご主人さんが戻って来られたんですけど……」

「えっ、まだ三十分しか経ってないのに」

玄関を見ると、海から上がってそのまま来たビショビショのご主人が立っています。

先ほどと同じ人かと思うほど、神妙な顔つきです。

「ご主人さん、えらい早いこと戻って来はって、どないしたの？」

と尋ねると、「海でサーファー仲間に怒られまして……」と慌てた様子。

「うちの嫁さん、夜中に陣痛が来て入院したんや。男がおってもやることないし、居場所もないし、お母さんと助産師さんに任せてきたわ」

と話すと、お仲間の一人が、

「お前、アホか！　うちの嫁さん、お産のときに大出血して分娩室が血の池になったんや。嫁さんは真っ青で意識が遠くなっていくし、俺は赤ちゃん抱いたまま廊下に出されて、『もしかして、いきなり父子家庭……』。赤ちゃん泣き出すし、俺も泣きそうやった」

別のお仲間さんからも、

「うちの次男の出産のときに突然、先生に『何が原因かわかりませんが、赤ちゃんが危ないです』って言われて緊急で帝王切開したんや。なんとか産まれたけれど仮死状態で……。すぐに大学病院に運ばれたけど、生きた心地がせんかった。お前、お産を舐《な》めとったらあかんぞ！」

と恐い話を聞かされ、目が点になったご主人は、

「うちの親父が『お前が産まれたとき、いきつけの居酒屋で同僚と飲んでたんや。男がおらん方が安産になるんや』って言うてたけど……」

「つべこべ言わんと、早よ嫁さんとこに戻れ！」

と、こっぴどく叱られ慌てて医院にすっ飛んできたのです。

「あれから、お産が急に進んで分娩室に入ったのよ」

「あの〜、分娩室に入ってもいいですか」

「奥さんに聞いてみるわね」

千春さんに、

「ご主人さん戻って来はったよ。中に入ってもらう？」

と尋ねると、

「結構です。廊下で待っててと伝えてください」

と、ぶんむくれています。

「廊下で待ってててって言うてはるから、椅子に座ってそこから応援してください」

「そうですか」と、下を向きしょんぼりしています。

しばらくして子宮口が全開大し、いきみ始めました。

「痛い〜」と、大声で叫ぶ千春さん。ご主人は居ても立ってもいられず、廊下から分娩室に向かって、

「千春、すまんかった。こんなときに海に行った俺が悪かった。頼むから分娩室に入れてくれ〜。立ち会わせてくれ〜。側で応援させてくれ〜」

こちらも大声で叫び始めました。

## 分娩室は人生劇場

分娩室と外来の待合室は廊下でつながっているので、ご主人の叫び声は外来患者さんにまる聞こえです。妊婦検診に付き添って来たどこかのご主人が受付に来て、

「あの〜、何があったかは知りませんが、廊下で叫んでおられるご主人さんを分娩室に入れてあげてください。気の毒で聞いていられません。お願いします」

と頼まれる始末。ヘトヘトの千春さんにそのことを伝えると、

「もう！　恥ずかしい。うるさいから入れてください」

と、言いつつ目はうれしそう。バツが悪そうに入って来たご主人に向かって、千春さんの容赦《ようしゃ》ない言葉が飛びます。

「ちょっと、お水ちょうだい！」

「あっ、はい。水ね」

「汗、拭いてよ！」

「えっ、タオルどこ？」

「目の前にある」

「暑い。うちわで扇《あお》いで」

力任せにうちわで風を送るご主人。

「扇ぎ過ぎ。息できへん！」

二人の会話を聞き、吹き出しそうになる私。奥歯を噛み締め笑いをこらえていると、

「助産師さん！　陣痛が来ました」

「よし、息を吸って吐いて、もう一回吸って吐いて、次に大きく吸い込んで

息を止めて、そらっいきんで！　長～く、長～く頑張れ。苦しくなったら吸い直してもう一回、思いっきりいきんで！　歯を食いしばって、唇閉じて、目を開けて私を見て。そうそう、そこで気を抜かない！　底力出して、踏ん張りや！」

髪の毛を振り乱し、目をカッと見開いて仁王様のような形相で頑張る千春さんに、ご主人はオロオロ。

「赤ちゃんの髪の毛、見えてきたよ～。もうちょっとやで～」

しかし、赤ちゃんの頭が予想よりも大きく、なかなか産道を下がってきません。気丈《きじょう》に頑張る千春さんをご主人が懸命に応援しています。だんだんと夫婦の息が合ってきました。

ゆっくりと、時間をかけて赤ちゃん（青波《せいと》くん）が産まれました。元気な産声が分娩室に響いたとき、ご主人は「千春、ありがとう。ありがとう」とひたすら頭を下げ、号泣です。ご主人に青波くんを抱っこしてもらうと、緊張で両肩が上がり、カチコチです。

「羊水《ようすい》は海水のようにしょっぱいから、産まれたての赤ちゃんは潮の匂いがするんよ」

するると、ご主人は赤ちゃんの頭に鼻を近づけてクンクン。

「ワッ。海の匂いがする。人は海から産まれてきたと聞いたことがあるけれど、ほんまなんや。青波、大きくなったら一緒に波に乗って海の上を滑《すべ》ろうな。お父さんの夢なんやで」

いとおしそうに青波くんを見つめるご主人は、外見上今までと同じサーファーのお兄ちゃんですが、中味は劇的に変わっています。お産が彼をお父さんへと大変身させたのです。

この変わり様を見た私は、うれしくて、頼もしくて、微笑ましくて心の中でガッツポーズを決めます。

あれから八年後の休日の朝、車で海沿いを走り信号待ちをしていると、サーフボードを抱えた川島さんのご主人が歩いて来ました。後ろには子供用のボードを抱えた青波くんも続きます。私に気付いたご主人さん、日焼けした顔に白い歯でニッコリとサーファースマイル。

「青波は三年生になりました。サーファーデビューしたんですよ」

と、親子で手を振ってくれました。

青い空にいい波が来て、今日も朝からサーフィン日和。夢が叶って良かったね、ご主人さん。

## 「立ち会い分娩」のススメ

稀《まれ》にですが、立ち会い分娩を希望しているのに、一人でタクシーに乗って入院して来る産婦さんがいます。

「ご主人は？」

と聞くと、

「仕事に行きました」

「休めないの？」

「忙しい時期みたいで……」と冴《さ》えない表情。

「○○さん、ご主人に側にいてほしい？　正直な気持ち聞かせて」

「本当は居てほしいけれど、『仕事休んで付き添ってほしい』と言うのは、私のわがままかなと思って……」

「わがままじゃないよ。よっしゃ、私に任しとき」

私は産婦さんの目の前で、ご主人の携帯に電話をします。

「助産師の目黒と言います。奥さん、側に居てほしいと言うてはるけれど、仕事早退して今から来てもらえませんか。奥さんが命懸けで命を産み出すのを、お父さんになるご主人にも応援してほしいんです。『今、早退したら出世に関わる』のなら無理にとは言いませんが、なんとかなりませんか？」

仕事が忙しいご主人に、本心を言えない産婦さんの代弁をすると、ほとんどのご主人は飛んで来られます。

「もう産まれるのですか？」

「まだかかるよ」

「えっ、電話もらったから、てっきりすぐに産まれるのかと……」

「ご主人さん、産まれるところだけ見るのは『立ってるだけ分娩』って言って、ビックリして突っ立っているだけで終わるの。産まれるまでの長い長い時間と痛みを、二人で乗り越えてのお産を『立ち会い分娩』って言うのよ。ご主人と助産師で、奥さんと赤ちゃんを応援しましょうね」

と、ニッコリ笑顔でご主人をお産に巻き込んでいきます。

男性の皆様、「嫁さんの出産で仕事を休むなんて」という時代は終わりました。子供を宿し、産むのは女性の役割ですが、出産に関して「ワシは男やからわからん」などと言わないで。奥様、娘さん、お嫁さん、あなたの大事な家族のことなんです。女性が命懸けで新しい命を産むことをもっと知ろうとしてください。あなたの子供もお孫さんも命懸けで産まれて来るんです。もっと関わってください。

お産は妊娠の終了ですが、子育ての始まりでもあります。夫婦で一緒に親になるスタートを切って欲しいと、私は願っています。

最近、世の中には子育てに積極的に関わる〝育メン〟と呼ばれるお父さんが増えてきました。

昨年、お道初心者の主人が本部の三日講習会に参加することになり、私も主人に合わせておぢばにふせ込むことにしました。お昼前の人が少ない静かな時間、三殿の参拝を終えて祖霊殿西側のトイレをお借りしようと、階段を降りてビックリ。トイレが新しくなったことに驚いたのではありません。男性トイレの入り口に、なんと「オムツ交換台」が設置してあったのです。もちろん、女性トイレの中にもありました。

これはもしかしてと、誰もいない男性トイレの中に入り個室を覗《のぞ》いて、これまたビックリ。「お子様イス」が設置してあるじゃないですか。

ショッピングセンターの女性トイレにある乳幼児を座らせる「お子様イス」が、本部の男性個室トイレの中にあったのです。

「お道も育メン仕様やわ」と、思わずガッツポーズ。スキップしたい気持ちを抑えて弾むように教祖殿に戻り、教祖《おやさま》にお礼申し上げました。

# 台風の夜

## 「眠る間に出る」お産があるの？

よろづたすけの道あけとなったのは、『おびや許し』であります。

教祖《おやさま》は『おびや許し』をだされる十三年前、天保十二年（立教四年）に、ご自分の身体で『おびやためし』をされています。

この場面が書かれている『稿本天理教教祖伝』を見てみましょう。

これより先、教祖四十四歳の時、妊娠七ケ月目の或る日のこと、親神から、

「今日は、何處へも行く事ならぬ。」

と、あった。そこで、その日は一日他出せずに居られた處、夜になってから、

「眠る間に出るく。」

と、お話があり、その用意をして居《お》られると、流産して、その後頭痛を催した。が、夜が明けてから、汚れた布類を自ら水で三度洗い、湯で一度洗うて、物干竿に三、四本も干されると、頭痛は拭うがように治まった。

一つ間違えば命も危いという流産の場合でさえ、一心に親神に凭《もた》れて居《お》れば、少しも心配なく、産後にも何の懸念もないという事を、先ず自らの身に試して、親神の自由自在を證《あか》された。


私は助産師学校の学生だった頃、この『おびやためし』の場面を読み、「妊娠七カ月の胎児が、眠ってる間に出るのかなあ？　これって、ほんまの話？」

納得できない思いがあった新米助産師の頃の体験です。

## 背中をバチン！

三十五歳で助産師学校を卒業した私は、大阪にある産科専門のA病院に入職しました。A病院はこの地域で最も分娩件数が多く、とても忙しい病院です。

しかも、私の入職直前に助産師が辞《や》めてしまい、新人の研修どころではない状況だったのです。大きい病院では、半年から一年かけて新人研修をしていくのに、私はたった二週間しか研修を受けられずに、否応《いやおう》なく独り立ちとなりました。まるで、助産師の超促成栽培です。

見習いから独り立ちして初めての夜勤に出勤すると、出産間近の産婦が六名もいました。不安で膝が震え、逃げられるものなら逃げ出したい気持ちに

……。大学病院から来ている当直医師に、

「入職して間もない新人です。人手不足の為、今夜の夜勤助産師は私一人です。先生、不安です。たすけてください」

悲愴《ひそう》な顔で泣きつくと、快く了解してくださいました。

先生に教わりながら、なんとか六件のお産が終了。

翌朝、日勤スタッフに申し送りを済ませると、急にお腹がすいてきました。昨夜の出勤から、飲まず食わずだったのです。ロッカー室で着替えながら夜食用のアンパンを食べると、気が緩《ゆる》んだのかポロポロと涙がこぼれてきました。

そんなこんなで、毎日あたふたしながらも三カ月が経ち、とりあげた赤ちゃんが男の子か、女の子かを見分ける余裕が出てきた頃の出来事です。

その日は、季節はずれの台風が来ていました。四国をぬけ、大阪に向かって来る予想です。こんな日に、私は夜勤。雨風が強まる中、出勤しました。日勤スタッフからの申し送りで、本日診察に来た大野さんのことを聞きました。

大野さんは二年前に当院でお産したのですが、陣痛がないのに子宮口が全《ぜん》開大《かいだい》し、いきまずにスルッと出産したらしいのです。

診察時、大野さんの子宮口は閉鎖していたものの、おしるし（極少量の出血）があったので、

「今夜あたり陣痛が来るかもよ。前回、ほんまもんの無痛分娩やってんで。気いつけときや！」

と、外来スタッフからのアドバイス。

薬で陣痛の痛みをとって出産する方法を「無痛分娩」と呼びますが、大野

さんは自然の無痛分娩、言い換えると「ほんまもんの無痛分娩」だったらしいのです。

私は「陣痛がないのに出産するなんて、あるんかなあ?」と疑問に思いましたが、念のために分娩室をセットアップしておきました。

夜中十二時を過ぎ、台風は勢いを増してきましたが、外の嵐とは対照的にお産の入院もなく、院内はシーンとして落ち着いています。

十二時半ごろ、電話が鳴りました。てっきり、申し送りのあった大野さんからだと思い電話をとりましたが、別の妊婦さんからでした。

柏木さん(三十九歳)、出産予定日が近づいた二人目の経産婦で、

「一時間前からなんとなく腰が重い感じです。陣痛もおしるしも破水もありませんが、二十年ぶりのお産なので心配で、心配で……」

と不安がっています。

嵐の中ですが、とりあえず診察に来るよう伝えました。

しばらくすると、タクシーに乗って柏木さんが来院。ご主人は出張中で一人で来たのですが、スタスタと歩き、痛がっている様子はありません。

子宮口は閉鎖、児頭《じとう》の位置も高く、おしるしも破水もみられません。胎児心拍モニター上もお腹の張りはなく、入院する所見《しょけん》ではありませんが、この嵐の中を一人で帰すのは気の毒に思い、朝まで居てもらうことにしました。

柏木さんはベッドに横になると安心したのか、すぐに眠ってしまいました。

それから一時間が経過。

風はゴーゴーと鳴り、雨が激しく窓を叩いていた嵐のピーク時、ベビー室で看護師の森さんと赤ちゃんのオムツを替えていました。

そのとき、「ハ・ス・イ」と聞こえたような気がしました。森さんが話しかけてきたのかと振り返ると、こちらに背中を向けています。

「風の音か、空耳やなあ」と、次の赤ちゃんのオムツを替えようとしたそのとき、誰かに背中をバチン！ と叩かれ、耳元で、

「ハスイしてる！」

と声がしました。今度は、はっきりと聞こえました。

振り返っても誰もいません。背中にジーンとした感触だけが残り、頭はボーッとして、何が起きたのか理解できません。「ハスイって？ 今、入院している人たちは、お産が終わっているのに。何がハスイなの……」そのとき、ハッと我に返り「お産前の妊婦が一人いる。柏木さんや！」急いで病室に行くと、柏木さんは起きていて、

「ちょうどナースコールを押そうと思っていたところです。寝ていたらオシ

ッコお漏《も》らししちゃいました。この歳でおねしょなんてスミマセン。ベッド汚してしまいました」

布団をめくると生臭い、独特の臭いがします。「尿ではない、これは羊水や。破水してるわ」その場で内診すると子宮口は全開大し、胎児の頭がすぐそこまで下がっているではありませんか。すぐに、大野さんのためにセットアップしていた分娩室に入室。二分で産まれました。

腰が重いだけで陣痛がなく、眠っている間に子宮口は全開大、破水で目が覚めて、いきみ感もないままスルッと出産。なんと柏木さんも「ほんまもんの無痛分娩」だったのです。

私は柏木さんを通して、「眠る間に出る」ような出産が本当にあることを実感しました。

この衝撃的な体験をきっかけに『おびやためし』を深く考えるようになっ

たのです。

## 助産師からみた『おびやためし』

では、助産師ようぼくの視点から『おびやためし』について考えてみましょう。

キーワードの一つ目は、「不全流産」です。

現在、女性の約四割が生涯に流産を経験すると言われています。喜ばしいことではありませんが、流産は私たちにとって身近な出来事です。でも流産で亡くなられた方は、ほとんどいないと思います。「流産はよくあることだが、母体の命が危機的状況にはならない」というのが、現代の流産に対する捉え方です。

しかし、『稿本天理教教祖伝』には、「一つ間違えば命も危いという流産の場合でさえ」と書かれてあるように、昔は満期産での出産よりも流産のときの方が、命に関わることが多かったのです。

理由として、妊娠四カ月以降の流産では、胎児が出た後、胎盤や卵膜《らんまく》が子宮内に残ってしまう「不全流産」になりやすいことがあげられます。「不全流産」になると、胎児が出た後も出血が止まらなくなります。また、子宮内に残った胎盤や卵膜に細菌が繁殖《はんしょく》し、重度の感染症となり身体中に菌が回って、遂には死に至ります。

これを一般に、「産後の肥立ちが悪い」と言います。出産後、日が経つにつれて回復していくはずが、感染が起きている場合は、逆にだんだんと弱っていくのです。医療の発達していなかったこの時代、「不全流産」は本当に恐ろしいことであったと想像します。

かんろだいを囲んでつとめられる『おびやづとめ』に参拝した折、

「あしきを払うてどうぞ　おびやすっきり早くたすけたまへ天理王命　南無天理王命　南無天理王命」

と唱えておられるのを聞き、「あ～なるほど」と思いました。胎盤や卵膜が子宮内に残っても手術して外に出す方法もなく、抗生物質もなかったのですから『すっきり』出なかったら命に関わるのです。このとき『おびやためし』とも重なって、『すっきり』に込められたこの時代の方々の切実な願いがひしひしと伝わり、感じ入ったことがあります。

現在の流産の定義は妊娠六カ月の途中までで、それ以降から満期までは早産となっています。『おびやためし』を現在に置き換えると、教祖は早産あいは死産されたということになります。

流産と聞けば流れて出るようなイメージを持ちますが、七カ月の大きさだと流れるようには出ません。普通は陣痛が来て分娩となります。

もし、お腹の中で胎児が死亡しているのに陣痛がこなかったら、胎児・胎盤の組織が溶け出し、重度の感染症を起こします。その結果、母体は播種性《はしゅせい》血管内凝固症候群（ＤＩＣ）に陥り、さらに進んで多臓器不全状態に。こうなると、現代の医学でも施設や人の整った医療機関でなければ、母体の命をたすけるのは難しくなります。

二つ目のキーワードは、「弛緩性《しかんせい》出血」です。

「眠る間に出る」ということは、痛かったら眠っていられないので、陣痛がなかったということです。

陣痛がないということは、出産直後の子宮筋がキュッと縮んで、元に戻ろうとする力もないということです。

キュッと縮む力がないと大出血します。これを弛緩性出血と言い、「水道の蛇口をひねったごとく」と表現される多量出血です。

弛緩とは「ゆるむ、たるむ」という意味で、年齢が高くなれば、また出産回数が多いほど、子宮は弛緩状態になりやすいのです。教祖はこのとき、四十四歳で七人目の多産婦だったこともあり、子宮筋が衰えていたと考えられます。

要するに、教祖は「不全流産」、「弛緩性出血」ともに発症する可能性が高い条件が揃《そろ》っていたのです。

しかし、教祖のお産は、「汚れた布類を自ら水で三度洗い、湯で一度洗うて、物干竿に三、四本も干されると」の記述から、数枚の布（日本手拭いのようなサラシ布だったと思われる）で間に合う程度の少量の出血でした。

その上、数時間後にはご自分で洗濯までしておられます。この時代の洗濯は井戸で水を汲んで、タライでゴシゴシ洗っていたでしょう。かまどで火を熾《おこ》し、お湯をつくって、またゴシゴシ。出血が多くて、貧血となっていたら、こんなことはできません。ものすごく、出血が少ないお産だったからできたのです。

「産後にも何の懸念もないという事を」という記述から、陣痛がなかったにもかかわらず、胎盤や卵膜もすっきり出て感染が起きず、産後の肥立ちも良かったということです。

助産師の立場からみますと、

「教祖は四十四歳という高年かつ七人目の多産婦であったが、妊娠七カ月のとき、陣痛のないまま眠りつつ早産し、弛緩性出血も起こさず、胎盤や卵膜もすっきり出て感染も起きず、その後も普段と変わりなく過ごされた」

と言えます。

さらに「『今日は、何處へも行く事ならぬ。』と、あった」と記されていることから、親神様の意図的な流産であったと考えられます。なぜ、教祖は月日のやしろになってから妊娠・流産なさったのでしょう。当時は、出産や流産で女性が亡くなることが身近にあり、お産のおたすけは急を要することでした。

満期産よりも流産の方が命に関わる時代において、教祖はより危ない流産を経験してくださったのです。私たちが『おびや許し』を戴けるのは、教祖がご自身で試してくださり、親神様のお働きを実感してくださったからです。「一心に親神に凭れて居れば、少しも心配なく、産後にも何の懸念もない」この流産の際、教祖は親神様に凭れきっておられたのでしょう。体験されたからこそ、この言葉に説得力がありますね。

## 生涯の宝となった「台風の夜」

妊娠七カ月の胎児の身長は約三十五センチ、体重は一〇〇〇グラム～一二〇〇グラム、手のひらにのるぐらいの大きさです。医療技術の進歩した現在であれば、十分に保育可能です。

七カ月の大きさだと出産直後の赤ちゃんは、生きていた可能性もあります。そうであったなら、弱々しいながらも産声をあげますし、胸板が薄いので心臓が動いているのも見てとれます。

いずれにせよ、教祖は手のひらにのるぐらいの小さな赤ちゃんをどのような思いで抱かれたのでしょう。『ひながたの親』として、流産や死産して子供を亡くした母親の道も、お通りくださっているものと察します。

新人の頃に経験した「台風の夜」のお産から、『おびやためし』を深く考えるようになり、教祖の深い親心に気づいて自分なりの答えを出すまで、長い年月がかかりました。

今でも、背中に残る手の感触、張りのあるお声が鮮明に残っています。

「教祖は、いつもそばに居てくださるんや」

心の深いところが、温かいもので満たされるような経験でした。

思い出すだけで涙が出ます。原稿に書いていてもまた涙、涙……。

私にとって生涯の宝になる「台風の夜」でした。

# 難産を経験されたお母さんへ

## 異例の帝王切開

初産婦の大宮恵子さんは、二日前から陣痛が来て入院中です。不安と緊張で、微弱《びじゃく》陣痛となり、なかなかお産が進みません。寝不足と疲労で目の下にはクマができ、フラフラになっています。子宮口は五センチ開大、やっと半分まできました。

医師から、

「この弱い陣痛では、いつになるかわかりません。これ以上長引くと母体が疲労しすぎて、もたなくなります」

と言われ、陣痛促進剤でお産を進めることになりました。

促進剤を少量から始め、量を増やしていくと陣痛はだんだんと強まり、それとともに児頭《じとう》も下がりだし、いい感じに進んできました。

子宮口が全開大し、分娩室に入室。本格的にいきみも入り、卵膜《らんまく》が勢いよくパーンとはじけて自然破水しました。「よし。これでいけるわ」と思ったのもつかの間、この破水の勢いがあり過ぎたのか、産道を下がっていた児頭が逆に上がってしまい、真下を向いていたのが横向きとなってしまったのです。胎児が産道を降りるには、かなり不利な状況です。

大宮さんは全力でいきみますが、胎児はびくとも動かず下がってきません。医師が児頭に吸引カップを取り付け、掃除機のように空気を吸い込んで引っぱる「吸引分娩」を試みました。しかし、産道に児頭がピッタリはまり込み、微動《びどう》だにしません。まるで、鍵穴にさし込んだ鍵が抜けなくなったみたいです。

今度はスタッフの一人が分娩台の上に乗ってお腹を押し、それに合わせて医師が児頭を吸引しますが、これも全く効果がなく、大宮さんは精根尽き果てた表情になっています。

「大宮さん、ヘトヘトになってるわ。どうしよう……」と思案した途端、追い討ちをかけるように、胎児心拍数が不安定になってきました。産道でストレスを受ける時間が長すぎて、弱ってきたのです。

もう時間の余裕はありません。促進剤の点滴を中止し、超緊急帝王切開となりました。

通常の帝王切開術では産婦の足をまっすぐに伸ばして、仰向けの状態で行います。

しかし、胎児の髪の毛が見えるくらいまで、産道を下がっているので通常の方法では無理です。このときの帝王切開では、お産のように足を開き、私が産婦のお股《また》の下に潜《もぐ》り込みました。そして、握りこぶしを産道の出口にくっつけて待機。医師の「押せー」の声に合わせて、こぶしを一気に突き上げて児頭を押し戻しました。胎児を一旦、子宮に戻し、素早く医師が取り上げたのです。異例の帝王切開となりました。

羊水は濁《にご》り、取り上げた赤ちゃんはぐったりしています。すぐに新生児集中治療室のある病院へ、救急搬送となりました。

大宮さんは胎盤が剥《は》がれた後、子宮収縮が不良となり、弛緩性《しかんせい》出血を起こしました。医師は素早く両手で子宮を挟《はさ》み、圧迫止血を試みますが、効果がありません。今度は、収縮薬を直接、子宮筋に注射するとキューッと縮んで、やっと血が止まっていきました。

多量出血で輸血もしましたが、なんとか手術は無事に終わりました。

次の日、大宮さんの部屋に行くと、ションボリしています。

お姑さんから、

「私のお産はとても安産だったのよ。あなたのお産はこんな大事《おおごと》になるなんて。運が悪いというか、難産って損よねえ」

と言われたらしいのです。

## 女性の強い味方『おびや許し』

さて、お姑さんが言うように「難産」だったことは本当に運が悪いのでしょうか。損をしているのでしょうか。

お道を信仰する方から、

「『おびや許し』を戴いたのに難産になった」

「帝王切開になったのは、『おびや許し』の効果がなかったからだ」

そんな声を耳にすることが、たびたびあります。

「お道を信仰する方も世間の方と同様に、無事に産まれることがあたりまえになっているのでは……」

お産の捉え方が、助産師とそれ以外の人では、かけ離れているように感じました。

「いろいろあっても、母児が無事であったのは『おびや許し』のお陰と違うのかしら。何をもって神様のご守護と思っているのかなあ」と、もどかしさと残念が混ざったような思いでいました。

そんなとき、月刊誌『陽気』の読者の方から、おぢばで手紙をいただきました。その方、倉石さんの許可を得て、一部を紹介させていただきます。

――初めまして。いつも「助産師ようぼく物語」を読ませていただいています。と言いたいところですが、実はとびとびに数回読んだだけです。というのも、私は去年十二月に第二子を出産したばかりで、目黒さんの文章がリアルで恐くて読めないのです。

そんな感じで、小さな娘を抱きながら家でボンヤリと読んでいたのが「助産師の祈り」(平成二十五年三月号)でした。

内容は「大量出血とおびや許し」でしたが、読みながら、私は手が震えて泣きそうでした。実は、一人目の出産のときが大出血だったのです。

赤ちゃんを出産してすぐに、お腹の上に乗せて、立ち会っていた夫と三人で写真を撮ったところまでは覚えていますが、胎盤が出るときからおかしくなり、お腹や脚《あし》が痛くて息の仕方を忘れて、過呼吸と、点滴と……。その後は気を失ったようです。

どれくらい時間が経ったのか、気がつくとベッドの上にいて、横に冷めた夕食が置いてあったところまで記憶が飛びます。

思い出しても恐くて、未だに夫も私も「あのときは死にかけた」と言っています。

なので、二人目の出産のときも恐くて仕方がなかったのです。

もちろん『おびや許し』は一人目も、二人目も戴きました。そのお陰で今も生きていると思っています。

それまで何も考えずに信仰のある家に生まれ育ち、『おびや許し』を戴くのもいつも通りの流れでしたが、出産してみてこれほど有難いものはないと感じています。

やっと、自分の信仰を持ち始めたと言ってもいいくらいです。

ちょうど兄弟や友人たちが出産するような年齢ですので、妊娠と聞くと、

「おびや許し、もらいに行きや！」と言わずにおれません。

お陰さまで二人目の出産時、出血は並でした。

入院中も産後の元気さが信じられなくて、取り上げてくれた助産師さんに「一人目に比べたら元気すぎてうれしいです」と、何度も言っていました――

手紙を読み終えた私は、教祖殿に飛んで行き、教祖《おやさま》にも読んでいただきました。

教祖が自らの流産を『おびやためし』として経験してくださったからこそ、私たちは『おびや許し』を戴けるのです。

『おびや許し』が妊娠・出産をする女性の強い味方であることを倉石さんは心底実感され、そのお陰で「今も生きている」と受けとっておられること。そして、周囲の人たちに熱心に勧めておられること。教祖もどんなにお喜びのことでしょう。

お産には重い・軽いがあるのは、皆様もご存じのことと思います。陣痛が弱い、あるいは強すぎる、産道が硬くて伸びない、出血が多い、胎盤が自然に出ないなど、はっきりした原因がわからずに起こることも多々あります。

医療で何とかできることも増えてきましたが、どうしようもないことがあるのも事実です。

## 出産に立ちはだかる壁《かべ》

お産後、間もなく息苦しさ、胸の痛みを訴えていた佐藤道子さん。するとと子宮からの出血が止まらなくなり、あれこれ手を打っても効果がなく、大きな病院へ緊急搬送することになりました。

救急車に乗せるとき、息苦しそうにしながら、

「私、死ぬの？　死にたくない。先生、助産師さんたすけて！」

と訴えます。

「たすかるために行くのよ！」

私は、道子さんに言い聞かせて送り出しました。

けれども搬送の途中で急変。同乗していた医師は懸命に対処しましたが、病院に到着したときにはＤＩＣ（播種《はしゅ》性血管内凝固《ぎょうこ》症候群）と呼吸不全が急速に進行。あらゆる手を尽くしても状態の悪化に追いつけず、ついには多臓器不全に陥り、彼女はあっという間に帰らぬ人となったのです。

後でわかったことですが、道子さんは出産時に羊水塞栓症《そくせんしょう》を起こしていました。

羊水塞栓症は分娩二～三万件に一例程度と非常に希《まれ》な疾患です。しかし、

いったん発症すると母体死亡率は八〇パーセントに及ぶ重篤《じゅうとく》な疾患で、発症から一時間以内に亡くなることがほとんどです。

発症の過程について正確なことは不明とされていますが、母体の血管内に羊水中の胎児のうぶ毛、胎児を保温していた胎脂などが流入して起こることは明らかです。

羊水は卵膜に囲まれて子宮の中にあり、胎児が育つのに必要不可欠なものですが、母体にとっては異物です。何らかの理由で運悪く、母体の血管内に羊水が入り込むと、母体の命を奪う原因になります。お産のときになんとしても回避《かいひ》せねばならないのは、この「母体死亡」です。

「母体死亡」を経験したことのある、A医師に話を聞いたところ、

「やってもやっても治療効果がなく、やることなすこと全て後手にまわった。目の前に大きな壁が立ちはだかっているような、超えられない不気味なもの

を感じた」

と言います。

私は、この目の前の大きな壁の正体こそ、お道で言う『いんねん』ではないかと考えます。この『いんねん』が、お産のときに現われて来ると治療効果もなく、医師も助産師も為す術《すべ》がなくなってしまうのです。

佐藤道子さんが亡くなられたと知らせを聞いたとき、私もA医師と同様の思いを味わい、『いんねん』の恐ろしさを感じました。

『おびや許し』を戴き、そのときだけでも神様を信じてお産に臨んでいたら、最悪の事態は回避できたのでは……と涙があふれました。

あたりまえのことですが、妊娠・出産をしたことが原因・誘因となり、死亡することは女性だけにあり得ることで、男性には起こりません。

『おびや許し』は出産という女性限定の命の危機を乗り切るために戴く、神様の特別なご守護です。

## 難産のお母さんに贈る言葉

私はこれからも助産師として、お母さんと赤ちゃんをたすけるために全力を尽くします。しかし、医師も助産師もどうにも力の及ばないことがあるのです。

医療はパーフェクトではありません。

どうか、難産を経験したようぼくの皆様、お手紙をくださった倉石さんのように、自分がたすかった経験を周囲の人に話し、『おびや許し』を戴くよう勧めてください。

そして、ただ戴くだけでなく、神様にもたれきる心を定めてお産に臨まれるよう、言葉を添えて伝えてください。

私が難産を経験した多くのお母さんたちを、ハグしながら伝える言葉をあなたにも贈ります。

「難産やったのは運が悪かったんとちがうんよ。

損したのともちがう。

難儀な思いをしたけれど、お産が無事に終わることはあたりまえでないと、実感できたよね。

この経験は宝物となって、子育てにつながるから。

あなたの頑張りに、世界で一番大きいダイヤモンドを買《こ》うてあげたい。そんな気持ちやで」

# おひな様に想う

## アホ・ボケ・カス

我が家には、土でできたおひな様があります。地味で素朴なおひな様です。毎年この時期に、ある方への感謝の想いでリビングに飾ります。平成十四年春、結婚のお祝いにいただいたおひな様のあったかくて、ちょっと切ないお話です。

「何をやってるんや！」

今日も分娩室に怒鳴り声が響きます。声の主は中島襄《なかしまのぼる》先生（当時七十歳）、産科の医師であり、私の恩師です。天理よろづ相談所病院（憩の家）の産科部長を定年退職後、大阪にある産科専門のA病院に来られました。

私は三十五歳で助産師学校を卒業し、入学前に看護師として勤務していたA病院に戻って来たのです。

三十五歳のおばさんにして新人助産師の私は、中島先生に叱られてばかりいました。あるとき、胎児娩出《たいじべんしゅつ》の直前にやって来て、

「下手くそ、そこをどけ。ワシが取り上げる！」

と、言い放ったと同時に「ドン」と右側から体当たり。不意打ちを食らった私はバランスを崩《くず》し、立ち会っていたご主人の足元に転がり、起き上がれません。

「助産師さん、大丈夫ですか」

ご主人にたすけ起こしてもらう有り様……。

この事があってから中島先生が「そこどけ！」と言うと、さっさと分娩介《ぶんべん》助を先生に譲り、後ろに退《ひ》くようになっていました。

帝王切開のときは直接介助の私に向かって、

「器具の渡し方がなっていない！」

と怒りだし、トドメに「アホ、ボケ、カス」の三連発。周囲のスタッフも、

「中島先生、和加子さんには厳しいよね。大丈夫？」

と心配していました。

しかし、私は怒鳴られ、突き飛ばされても先生の中にある親心に気付いていました。

それはひどく叱られた日の勤務が終わる頃、タイムレコーダー辺りに不自然にウロウロしている中島先生の姿が……。私がタイムカードを押している

と、

「和加子さん、甘いもん食べに行こか」

これまた不自然な笑顔で話しかけ、駅ビルの〝喫茶めとろ〟に連れて行かれます。

「何でも好きなもん注文しいや」

と言うので、私は遠慮なくパフェやらケーキをご馳走になります。先生は新聞を読みながらアメリカンコーヒーを飲み、私が食べ終わったら、「帰ろか」と席を立つ。

この間、会話はほとんどありません。私に甘いものを食べさせるための時間です。

「言い過ぎてすまんかった」と口には出しませんが、甘いものを食べさせることで、その気持ちを伝えようとしていると受け取っていました。

だから、厳しく叱られても見放されたと思うことはなく、父親に育ててもらっているように感じていました。

その当時、深刻な助産師不足を補《おぎな》うため、看護師や准看護師が分娩介助をしていました。助産師学校を卒業したての私は技術が未熟で、ベテラン看護師さんたちからクスクス笑われていました。

あるとき、

「あれでも助産師？　助産師学校で何を勉強してきたのかしら……。もう、ええ歳なんやから、今から頑張っても無理とちゃう」

と言われているのを耳にした中島先生は、私をシーツやタオルが置いてあるリネン庫に引っ張っていきました。先生は沐浴《もくよく》指導で使う赤ちゃん人形を小脇に抱えています。

「何が始まるのかしら？」と思っていたら、
「いいか、児頭《じとう》がこうやって出てきたら右手はどこに置くんや。やってみろ。左手で児頭を斜め下四十五度に押して。押しが足らん！　そうとちゃうやろ、下手くそ。なんべん教えたらわかるんじゃ〜」

胎児娩出法の指導が始まったのです。シーツを丸めて産道に見立て、その中に赤ちゃん人形を通しながら、何度も繰り返して教えてくださいました。

先生は、私をめちゃくちゃ叱り飛ばすくせに、冷笑されたり心ないことを言われているのが耐えられなかったらしく、その後も昼休みや夜勤の暇《ひま》な時間を見つけては、人目につかないリネン庫での特訓が続きました。

## 譲らなかった分娩介助

入職して二カ月が過ぎたある夜、忘れられない出来事がありました。

その日は十七時から翌朝九時までの夜勤で、陣痛室には初産婦の松本さんがいました。十九歳と若くご主人も同い年、二人とも幼い顔をしています。昼過ぎに陣痛が来て入院しましたが、進みはゆっくりで子宮口は四センチ開《かい》大《だい》、本人もご主人も緊張と不安で、余裕のない表情です。

松本さんの実母は小学五年生のときに他界、父子家庭で育ち、実父は半年前に転勤先の福岡で再婚。若い二人が頼れるのはご主人の両親だけですが、これまた遠方で来ることができません。松本さんは陣痛にどう対応していいのかわからず、混乱して震えていました。ご主人もオロオロするばかりで頼りになりません。

私は松本さんに付きっきりで呼吸法を教えながら話を聞き、優しく語りかけてリラックスを促しました。私の白衣をギュッと握り締めて「産ませてください」とばかりに依存的だった松本さんが、「産むぞ！」という意気込みが伝わる、いい顔になってきました。

日付が変わり、真夜中一時に分娩室に入室。いきみが入り、胎児もあんばいよく産道を下がっています。当直の中島先生を呼ぶと分娩室に入って来るなり、

「ワシがやる。どけ！」

と言いました。いつもの私ならさっさと交代するのですが、付きっきりでお世話をした松本さんのお産を先生に譲るわけにはいきません。

「どきません。私が取り上げさせていただきます！」

〝キッ！〟と先生を睨《にら》みつけ、言い返しました。突き飛ばされてなるものかと両足を踏ん張り身構えていると、先生はニコニコしています。口も手も出さず、私の後ろに立って見ているだけです。裂傷部《れっしょうぶ》を縫合《ほうごう》しているときも上機嫌。私は「いつもとちゃう。なんか変やわ」と思いながら、縫合の介助

をしていました。

夜勤が終わり職員通用口から外に出ると、中島先生が立っていました。

先生は、

「駅前のデパートでスカーフ買《こ》うたるわ」

と言うのです。

「何でですか？」

尋ねてもニコニコするだけで返事がありません。

「買うたるから」

しつこいので、一緒にデパートのスカーフ売り場に行きました。

「好きなもん選べ」

と言うので、一番高いのを買ってもらいました。

「何で買ってくれはるんですか？」

再び尋ねると、

「初めて『どきません。私が取り上げます！』って言うたやないか。ワシは和加子さんが、そう言うのを待ってたんや。睨まれたとき、うれしかったで」

照れくさそうに笑っていました。

なぜご褒美《ほうび》にスカーフなのか？　先生曰《いわ》く。「女の人がプレゼントされて喜ぶもんというたら、絹のスカーフに決まっとるやないか」だそうで……。昭和一桁《けた》生まれのお父さんの発想ですね（笑）。

そしていつものように〝喫茶めとろ〟に連れて行かれ、厳しい口調で次のように言いました。

「昔は分娩の途中で胎児が亡くなり死産となっても、『この子は次の子供が産まれてきやすくするための、産道を広げる役目だったんですよ』と慰めて済んだんや。

おひな様に想う

今は胎児を死亡させたら、胎児や母体側に原因があっても、医療者側に責任があると言われる時代なんやで。

こっちがどんなに頑張ってもたすけられんこともあるのに、無事があたりまえになっている。

だから産科医も助産師もどう努力したかではなく、結果しか見てもらえない。その結果を出すためのプロセス（過程）や努力は、全く評価されない時代なんやぞ」

このときの先生の言葉は、上等のスカーフとともに大切にしています。

## ホットケーキは涙の味

平成十四年の年が明け、私の結婚が決まり中島先生に報告に行くと、

「お祝いに、おひな様買うたるわ」

と言います。

「なんで、おひな様なんですか?」

「前に和加子さんが『うちは母子家庭でおひな様を買ってもらう余裕がなくて、子供の頃はティッシュを丸めて頭を作り、ヤクルトの空き瓶《びん》に突っ込んで、色紙を着物にして作っていました』って言うとったやろ」

「そんな前の話を覚えてはったんですか」

またまた私は、駅前のデパートに連れて行かれました。いつものように「好きなもん選びや」と言われるだろう。そしたら「七段飾りがいいです」

と、とびっきりの笑顔で言うつもりでした。

しかし先生は七段飾りの前をさっさと通過し、売り場の隅にあるめっちゃ素朴で地味な土雛《つちびな》を手に取り、じぃーっと考えて、

「これがええ、これにしよ」

と私の意見を聞くことなく選びました。

「先生、うれしいけど結婚祝いには地味すぎる。七段飾りが欲しいです！」

ずけずけリクエストすると、

「七段飾りは豪華やけど悲しい。この地味さがええんや」

フッと寂しい顔をしました。

「なんで七段飾りのおひな様が悲しいんやろ？」普段見たことのない先生の寂しそうな顔が、心に引っかかりました。そして〝喫茶めとろ〟に連れて行かれ、先生は定番のアメリカンコーヒー、私はホットケーキにミックスジュ

ース。「ほんまによう食べるなあ」と言いながら新聞を読んでいます。

「先生、なんで七段飾りのおひな様が悲しいんですか?」

なにげなく聞いてみると、

「ワシには娘がおってな。可愛くて勉強もようできる子で、医者になったんやで。豪華な七段飾りのおひな様も揃えて、大事に育てたんやけどなあ。二十九歳のときに急死したんや。何の前触れもなく、青天《せいてん》の霹靂《へきれき》というか……。だから七段飾りを見ると悲しくなる。和加子さんは土雛のように、地味で素朴な人生を歩んでや」

新聞で先生の顔は見えませんが、鼻水をすすりながら話してくださいました。

しばらくの沈黙の後、

「先生。私ね、おばあちゃんの代から天理教を信仰しているんです」

「そうか、和加子さんは天理さん信仰してたんか。だから、『憩の家』で働いていた助産師さんや看護師さんと雰囲気が似ているなあと思ってたんや。なるほど、そういうことやったんか。辛抱強いのも天理さんのお陰やな。それと、和加子さんの素直なんか頑固なんかようわからんところが、うちの娘に似とるわ。なんか娘とダブってなあ。そやから早く、一人前の助産師になってほしくて厳しくしたんやろな。早よホットケーキ食べ。冷めるやろ」

中島先生にそんな悲しいことがあったなんて知りませんでした。先生の厳しさは親心と受け取っていましたが、その通りだったのですね。

冷めたホットケーキは、涙の味がしました。

中島先生は平成二十二年に他界。故郷の岡山県津山市に眠っておられます。

『陽気』で連載していたとき、編集部との打ち合わせで何気なく先生のことを話すと、「中島襄先生？　以前、連載してもらってた先生や」とのこと。調べてみると昭和五十六年十月号〜昭和五十八年七月号まで二十二回に渡り「女の病気」を連載していたことがわかりました。筆者紹介の写真には、髪がフサフサの若々しい五十代の中島先生が写っていました。こうして同じ雑誌に連載させていただくなんて、不思議なご縁を感じます。

数年前、先生が好きだった〝喫茶めとろ〟も閉店し、寂しくなりました。けれど、おひな様と沢山の思い出が、今も私の心を温めてくれます。

# 産まれること 亡くなること

## 一枚の絵葉書

平成二十四年三月、絵を見るのが好きな私は、天理のギャラリーおやさとで開催されていた、画家の青山文治先生の個展に足を運びました。

大きな根っこの絵に見入っていた私の隣で、同じように熱心に見ておられたご婦人に、

「すばらしいですね」

と声をかけたのです。それが長田道子さんとの出会いでした。

絵を見終わり、イスに座って休んでいると、

「どれもこれも迫力があって、圧倒されますね」

今度は道子さんから話しかけてこられました。

絵の感想を笑顔で話している途中、道子さんが急に小声になり、

「あの～、私の息子も絵描きなんです。こんな個展ができるようになってくれたらと思いながら、拝見していました。立派な先生の個展会場でなんですが、これ、息子の描いた絵なんです。これもご縁と思って、もらっていただけますか」

カバンの中からそっと絵葉書を出し、私にくださいました。優しいタッチで描かれた夜景の絵です。そのとき、ふと腕時計に目をやった道子さんの表情が一変、緊張した顔で、

「主人が天理教の信仰に反対していまして……。いつも主人が出かけている

間に、ご本部へ参拝に来ているんです。急いで大阪に帰らないと」

と、慌てて席を立ちました。そして別れ際に、

「息子に信仰を繋いでいきたいと願っているのですが、なかなか難しいですね。でも、優しい子なので、親の思いをわかってくれるときが来ると信じて、親神様、教祖《おやさま》にお願いしているんです」

との言葉を残し、足早に天理駅へ向かっていきました。後ろ姿を見送りながら、「母心いっぱいの方やなあ」と、私も温かい気持ちで会場を後にしました。これがご縁となり、手紙やメール、電話でのやりとりが始まったのです。

## 胸さわぎの留守電

平成二十七年五月二十六日、ご本部月次祭参拝の後、あちこち寄って用事を済ませ、夜の新幹線で帰路につきました。自宅に戻ったのは真夜中。留守

番電話のランプが点滅しているのに気付いて再生すると、大阪の長田道子さんからでした。ハァハァと苦しい息づかいで、絞り出すような声です。

「和加子ちゃん、元気にしていますか。いつも『陽気』を送ってくれてありがとう。毎月楽しみに読んでます。あのね、実は大腸癌が骨に転移してね。身体もしんどいので入院したの。でも、大丈夫だから心配しないでね。

六月二十八日に八尾市の中河大教会で和加子ちゃんの母親講座があるでしょう。それにはなんとしても行かせていただきたいから。私、頑張るから。

和加子ちゃんの体調はどうですか？　身上があるのに自分のことは棚にあげて、お仕事もご用も、精一杯頑張っておられることでしょう。だから私は和加子ちゃんのことが心配でなりません。大丈夫かな、無理してないかなと、いつも気になっています。どうかくれぐれもお身体を大切にしてください。

お元気でね。ご主人によろしく。ありがとね。本当にありがとう」

これはただ事ではないと、胸騒ぎがしました。大腸癌の手術も上手くいったと聞いていたし、二カ月前の三月に電話をいただいたときは、
「体調も良くなってね。東京へ旅行に行ってきたの」
と、明るく張りのある声だったので、お元気になられたと安心していたのです。すぐさま息子の正雄さんに電話で病状を尋ねると、医師から余命一カ月との説明を受け、大阪市内のY病院に入院中とのこと。すぐにおさづけの取次ぎに行こうにも、五月、六月は母親講座のご用を優先し、クビにならないギリギリまで勤務を減らしているので、これ以上は休めません。

西宮市にある私の所属教会からY病院までは一時間ぐらいなのですが、会長さんは修養科の教養掛でおぢばにいて動けません。どうしようかと思案したところ、ある方が頭に浮かびました。丸太町分教会の泰川久子先生です。

泰川先生はお道の大先輩であり、信頼できる教友でもあります。私の所属

教会のご近所さんで、うちの会長さんとも仲良しです。会長さんに伺うと、

「それがいい。泰川さんに頼もう。今回の理立ては丸太町に送りなさい」

とのこと。泰川先生に電話で事情を話すと、すぐに道子さんのところへ飛んでいってくださいました。

実は、道子さんと泰川先生は初対面ではありません。

平成二十六年八月、私は天理市民会館での母親講座でお話をさせていただきました。その際、道子さんが講師控室に訪ねて来られたのです。

癌の手術をしたと聞いていたので、おさづけを取次がせていただこうとしましたが、控室は人でごった返し場所がありません。時計を見ると開演十分前。心が落ち着かない私よりも、別の方にお願いしようと思い振り返ると、激励に来てくださっていた泰川先生が、ソファーに座っておられました。先生にお願いしたところ快く引き受けてくださり、ロビーの奥の静かなところ

で道子さんにおさづけを取次いでくださったのです。

そこで、入院中の道子さんに電話をして、

「私は仕事を休めないので、代わりに市民会館でおさづけを取次いでくださった、泰川先生が病院に向かっています」

と伝えると、喜んで待っていてくださいました。

天理教に反対していたご主人が、どういう反応をされるか心配しましたが、気持ちよく受けてくださったとのこと。

それから毎日のように泰川先生が、足を運んでくださいました。

## 教祖《おやさま》に乗せていただいた新幹線

六月七日、日帰りでお見舞いに行く予定をしていたところ、前日の六日早朝、息子の正雄さんから、道子さんが危篤状態だと電話がありました。

その日は九時から十七時まで勤務する日勤です。日勤助産師は私一人なので休めません。十七時に夜勤助産師と交代して自宅に帰り、急いで支度をしても小田原駅に着くのは十九時過ぎ。新大阪駅着は夜中になってしまいます。小田原に停まる新幹線「ひかり」は二時間に一本しかなく、十八時八分発が最終です。それに乗れたら、大阪の病院に二十一時過ぎに着くのに……。

夜勤の前、助産師は仮眠をとって体調を整えているので、早く出勤してほしいと電話をするのも気が引けます。ましてや本日の夜勤助産師は、月に一回だけ東京からアルバイトに来ている人です。

仕方がないとあきらめていたら、その夜勤助産師が、

「週末だから道が混んでいると思って早めに東京を出たら、高速道路がガラガラで、こんなに早く着いちゃいました。当直室で待たせてください」

と、十六時過ぎに出勤してきたのです。

「教祖がお働きくださった」と直感し、訳を言って早めに交代してもらったところ、小田原駅発十八時八分の「ひかり」に乗れたのです。新大阪駅からタクシーに乗り、道子さんが入院するY病院に駆けつけました。

道子さんの意識はなく、苦しそうに喘《あえ》ぐような呼吸をしていました。その姿から、「私を待っててくださったなあ」と、胸が一杯に。

ご主人が、

「私もようぼくにはなったんですが、いろいろあって天理教が嫌いになりました。でも、家内に天理教のお祈りをしてやってください」

と言われます。

ご主人の心中を思い、私にできる精一杯の祈りを込めて、おさづけを取次がせていただきました。

翌日、おぢばに参拝し、再びY病院へ。おさづけを取次がせていただいた後、帰路につきました。

六月二十八日、中河大教会で開かれた母親講座に、長田道子さんの姿はありません。六月十日にお出直しされたのです。当日、会場に一人の男性の姿がありました。息子の正雄さんです。女性の中に混じって、練り合いにも参加してくださいました。

「無事に産まれるのはあたりまえではないんですね。産んでくれた母に感謝の気持ちです」

正雄さんは目を輝かせて感想を述べてくださいました。その目は、ギャラリーおやさとで絵葉書をくださったときの道子さんと同じ、優しい目です。

正雄さんは現在、道子さんの所属していた教会から別席運び中。お母さんの願いを受けて、信仰を繋いでくださっています。

## 繋がるご縁

助産師になって間もない頃、分娩室で赤ちゃんが産まれるときの空気感を「どこかで味わったことがある、どこやろう？ いつやったかなあ？」思い出せず、ずっと、もやもやしていました。

数年が経ち、「この感じって、そうや！ あのときの……」と、気付いたのです。それは、胎児が産まれ出て産声をあげるまでの数秒間と、人が息を引き取る場に漂《ただよ》う空気感が同じなのです。

私が看護師として勤務していた頃、臨終に立ち会うことがありました。苦しげな呼吸が徐々に静かになって、やがて息をしなくなります。心臓も動かなくなり死が訪れます。助産師になって、それとは真逆の命が産まれ出る場に居ることになりました。

産まれてきた赤ちゃんは、泣くことで肺呼吸を始めます。自ら産声をあげる赤ちゃんもいれば、こちらが手だすけをしないと泣けない赤ちゃんもいます。

肺呼吸が始まらないと、この世で生きていけませんから、医師や助産師は赤ちゃんの背中を摩《さす》ったり、足の裏に刺激を加えたりして自発呼吸を促します。そのとき、私はへその緒を切りつつ、「頼むから泣いて！　お願い、泣いてちょうだい」と、神様にすがっています。

産声をあげる前の赤ちゃんは、この世の人ではなく、まだあの世の人なのです。

看護師から助産師になったことで、生と死、両方を取り巻く空気感を味わいました。両方の空気が同じと、感じ取ったのは十全の守護のたいしよく天のみこと（出産のとき、親と子の胎縁を切り、出直しのとき、息を引き取る世話）のお働きだからですね。

産まれることと亡くなることは、正反対ではなく、繋がっている。

魂の循環を実感しつつ、オギャーッと産声をあげた赤ちゃんに、

「よう頑張ったね。お帰りなさい」

と言葉をかけます。

親神様は、長田道子さんが生まれ変わって来るところを、決めてくださっているように思います。もしかすると、生まれ変わって来る道子さんを、私が取り上げさせていただくかもしれません。

ご縁はこれからも繋がっていく、そんな思いが胸に広がりました。

## アナタへの「ごめんなさい」

### 謝ってはなりません

平成九年春、三十二歳で看護師となり、大阪市内の病院に就職が決まりました。入職説明会で、病院長から意外な言葉を聞きました。

「医療職者はたとえエラーをしても、その場で患者さんや家族に謝ってはなりません。医療訴訟になった場合、『あのとき、謝ったではないか。それはそちらに非があったからでしょう』と言われ、病院に不都合になるからです。『あっ、しまった』と思っても、その場で頭を下げないこと。直ちに上司に相談して、対応してください」

私はこのとき、エラーをしたのに〝謝らない〟ことに違和感を感じたのを覚えています。読者の中にも医療職者がおられると思いますが、不用意に謝らないよう上司や先輩から言われた経験が、あるのではないでしょうか。

看護師になって間もない頃、私は大学病院で蝶形骨洞《ちょうけいこつどう》の手術を受けました。

手術後、担当のA医師からの説明で、

「あなたの脳と鼻腔《びくう》を隔てている骨は、炎症で溶けてペラペラです。今後、風邪をひいて副鼻腔炎が再発したら、脳炎になって頭がおかしくなってしまう。そうなったら僕の手には負えません。お気の毒ですが……」

と冷たく言われました。

そもそもこんなに重症化したのは、A医師の最初の処置がまずかったからなのに、医療職者は本当に謝らないんだと、一般社会と医療の世界との違いを患者として味わったのです。

見捨てられたと感じた私は、医師を代えようと同じ大学病院の分院に転院しました。

「どうしてこちらに転院したのですか」

と、分院の耳鼻科部長が尋ねます。私は思い切って、大学病院で言われたことを伝えました。

私が話し終わると、耳鼻科部長はイスから立ち上がり、

「あなたに病気以外にも、大変つらい思いをさせてしまったのですね。同じ医師としてお詫びいたします。申し訳ありませんでした」

と頭を下げたのです。そして、

「これから先、病気との折り合いをつけて生きていくあなたを、医師として応援します」

とも言いました。

医療職者は謝らないと思っていたので驚きました。そして、心の中にあった〝許せない〟という怒りのかたまりが氷解《ひょうかい》していくのを感じ、涙が流れました。

この涙は悔し涙ではなく、私の思いを察して謝ってくださった医師への感謝の涙です。鉛色の雲がスーッと流れて、日が射したような心の平安を感じたのです。

このときの経験が助産師となった今、とても役に立っています。

お産は昼夜関係ありませんから、産科医は真夜中も容赦《ようしゃ》なく起こされます。当直明けで寝ずに、外来診療をすることも多々あるのです。寝不足で疲労が慢性化しイライラが積もって来ると、スタッフだけでなく、患者さんにもきつい言葉・態度が出てしまうことがあります。

私が勤務するC産科医院では、診察時に医師からきついことを言われた患者さんをそのままにはしておきません。診察室を出たらすぐに、スタッフが患者さんの側に行きます。別室でまず患者さんの気持ちを聞き、その後、医師のフォローも欠かしません。

「明け方にお産があって、先生はほとんど寝ていないの。気持ちにゆとりがないのだと思う。でも、あの態度・言葉はよろしくない。嫌な思いをさせてごめんなさい」

と頭を下げます。時々は、患者さんと一緒になって、「あの態度は何だ！」とプンプン怒ることも……。

そうこうしていると、

「スタッフさんが、私の気持ちをわかってくれたので落ち着きました。また、来ますね」

と笑顔になって帰ります。

相手の心に不足が溜《た》まらないよう、助産師・看護師・看護助手が心を合わせて柔軟な対応を心掛けています。

## フラッシュバックする出産経験

陣痛が続くと産婦の体力の消耗は激しく、精神的にも追い詰められます。体力も気力も燃え尽きる寸前で、残った力を振り絞り赤ちゃんを産むのです。この極限状態でも、産婦の感性はとても敏感に働きます。

自分が受けた看護援助が真心から出たものか、そうでないかを冷静に見極《みきわ》めているのです。極限状態ではあるけれど、パニック状態ではない。だから出産後、何年、何十年経っても陣痛室や分娩室で起きたことを鮮明に記憶しています。

過去のお産のときの医療者からの心ない言葉や態度が心に引っかかったまま出産となる場合、そのときのことを陣痛室で振り返り始めます。

「助産師さんが側にいてくれず、ほっておかれた」

「いきみ方が下手《へた》と言われた」

「嘔吐《おうと》したときに、嫌な顔をされた」

等々、陣痛の痛みがそのときの経験をフラッシュバックさせるのでしょう。

こういうとき、私は腰を摩《さす》りながら産婦の話を聞き、思いを吐露《とろ》してもらいます。

最後に、

「あなたは切ない思いを持ち続けてきたんやね。そんな思いにさせてしまったことを、同じ助産師として申し訳なく思います。ごめんなさい」

と伝えます。そうすると産婦は、心が切り替わったのがはっきりとわかる

表情に変化し、今のお産と向き合い始めるのです。

## 謝る勇気

平成二十三年、私は通信制大学に編入学し、助産師をしながら勉強していました。その大学は年齢層が十代〜八十代と幅広く、通信学習だけでなく、時々は学校に行って授業も受けなければなりません。

その日、私は大学で教育学の福田先生の授業を受けていました。先生の授業はユニークで午前中は講義、午後は二人一組になって外を歩きます。ただ歩くだけでなく、一人は目を閉じて、もう一人はその相方《あいかた》を連れて歩きます。その間、話をせずに黙って歩き、三十分で交代するというルールで、「身を委《ゆだ》ねる」ことを体験するのが目的です。

私は、たまたま隣の席に座っていた橋本さんという六十代の女性と、ペアを組みました。目を閉じた橋本さんと腕を組み、あちこち散歩していると、あるお寺の前に行き着きました。

「三十分経ちました。交代です」

声をかけると、目を開けた橋本さんが驚いた顔で、

「あなたは、私がここに来たかったことをどうして知っているの？」

と言いました。

「はあ？」

私は、橋本さんが何を言っているのかわからずに戸惑っていると、慌てて

説明を始めました。

「意味不明なこと言ってごめんなさい。このお寺に私の叔父の墓があるんです。先月、叔父の七回忌でね。ちょうど大学の近くにお墓があるから、授業が終わったらお参りに来ようと思っていたのよ」

それを聞いた私は、

「せっかくここまで来たのですから、お参りしましょう。私も一緒にいいですか」

体験学習の授業そっちのけで、お墓参りとなりました。

墓石の横を見ると、昭和三十九年九月に亡くなっている女の子の名前が刻《きざ》んであり、叔父さんの長女と記してあります。

私と同《おな》い年や。私が産まれた九月に亡くなってはる。叔父さん、悲しい思いをされたんやわと思いを巡らせ、お墓参りを済ませました。

「叔父さんは、長女さんを小さい頃に亡くしてはるんですね」

橋本さんに尋ねると、

「そうなんです。お産のときにへその緒が首にグルグル巻きついて、窒息したらしくてね。この子は誕生日が命日なんです」

エッ、お産のときに……。誕生死の赤ちゃんなんや。

私はもう一度お墓に手を合わせ、

〝たまたまお参りに来た、あなたと同じ昭和三十九年九月に産まれた助産師です。何があったかわかりませんが、たすけられなくてごめんなさい〟

と心の中でお詫びしました。

すると橋本さんが、

「実は、私の最初の子供もお産のときに亡くなったのよ」

と、ポツポツと語り始めたのです。

「一人で陣痛室に居たとき、急に強い陣痛がどんどん来て、ナースコールを押したけれど壊《こわ》れていたみたいで、誰も来てくれなくて……。助産婦さん達の話し声や笑い声は聞こえるのだけれど、『痛いー。誰か来てー』って叫んでも届かなかったみたい。破水したらいきみが止まらなくて、赤ちゃんの頭が出てきたの……。それでパニックになっちゃった。

どれくらい経ったのか覚えてないけれど、おせんべいの臭いをさせた助産婦さんが来て、『どうしてナースコール押さなかったのよ！』って怒鳴ってね。私が赤ちゃんの頭を挟んだままでパニックになったから、おしもで首を締め付けて息ができなかったんだって言われた……。

先生が大慌てでやって来て、赤ちゃんを逆さ吊りにしてお尻を叩いたり、人工呼吸やら心臓マッサージをしたけどグッタリしたまま……。すると先生が、『何をしていたんだ。それでも助産婦か。責任取れ！』って叱りつけたの。

助産婦さんは真っ青になってガタガタ震えだして、私にではなく先生に『すみません』と小さな声で謝って、そのまま部屋から出てったの。

産後一週間入院したけれど、その助産婦さんとはそれっきり会えなかったわ。一カ月後に検診に行ったとき、看護婦さんから『あの助産婦は責任を取って辞めた』と聞かされたのよ。

辞めるという責任の取り方もあるのでしょうけれど、私はどうしてすぐ来てくれなかったのか聞きたかった。一言でいいから謝ってほしかった。赤ちゃんを失った悲しみと助産婦さんを許せない苦しみは、四十年経っても心に残っているの」

橋本さんは悲しい顔で下を向きました。そして腕時計をみて、

「あらあら、こんなに時間が経っちゃって。授業中だったわね。目黒さんがうなずきながら聞いてくださるものだから、話が長くなっちゃった。そろそ

ろ戻らないと福田先生に叱られるわ」

私は、自分が助産師であることを黙っていていいのだろうか、でも、言ってしまったら怒り出しはるかもしれへん。そうなったら、橋本さんを余計につらくさせてしまうし……。葛藤《かっとう》しながら本堂のところまで戻って来たとき、こんな不思議な出会いと展開は人間業《わざ》ではない。これはきっと教祖《おやさま》が、橋本さんの長年の苦しみをなんとかしてあげたいと思われたに違いないと結論を出しました。

そしておたすけの心を定め、教祖に背中を押してくださいとお願いし、柔らかい口調で話しかけました。

「橋本さん。実は私、助産師なんです。お話を聞いていて心が痛かったです。そのとき、何があったかわかりませんが、同じ助産師としてお詫びさせていただいていいでしょうか。申し訳ございませんでした」

と、頭を下げました。

橋本さんは引きつった顔で、「えっ助産師さんなの？」と驚いていましたが、
私の手をとって、

「助産師さんが来てくれるのを待ってたのよ。恐かったのよ」

とワンワン泣き出しました。私も一緒に泣きました。

ひとしきり泣いた後、

「助産師さん、謝ってくれてありがとう。ありがとう」

と言われたときの顔が、観音様のような柔和《にゅうわ》で優しい顔に変わっていました。帰りは手をつないで走って教室に戻りました。が、遅刻でした。

ウサギのような目をした私達に福田先生は、にっこり笑顔で、

「いいお散歩だったようね」

とだけ、仰いました。

自分が損することを恐れるあまり事実を言わず、謝りもせず、その結果、相手をより深く傷つけてしまう。

至らなさを認め、素直に詫びることで親神様、教祖が働いてくださり、相手の心だけでなく、頭を下げる側の心もたすけてくださるのだと私は思います。

# 他人の愛

## 産声をあげない赤ちゃん

「助産師の目黒です。ご退院おめでとうございます」

出生証明書を持って青山さんの病室に入ると、ペンと手帳を持ったご主人が待ち構えていました。唐突《とうとつ》に、

「目黒さん、ご自宅の住所を教えてください。千恵が二十歳になるまでお中元とお歳暮を贈《おく》らせていただきたいんです。お願いします」

青山さんは、ご夫婦共にS大学病院に勤務する看護師です。

「職員が、自宅の住所や電話番号を患者に言ってはならないことはわかっています。けれど、千恵をたすけていただいたご恩を思うと、何かさせてもらいたいんです」

実は、千恵ちゃんが産まれたとき、心拍停止状態で産声をあげず、グッタリして紫色のお人形のようでした。すぐに蘇生《そせい》を始めましたが反応がなく、医師は気管内挿管《そうかん》（口から気管に管《くだ》を入れて空気を送る方法）を試みますが、経験が乏しく、手が震えて上手《うま》くできません。

震えが止まらない医師に代わり、私は千恵ちゃんの口・鼻にマスクをあて、エアバッグを握って酸素を送りつつ、心臓マッサージを続けました。

心の中で「南無天理王命、南無天理王命」と神名を唱え、「私の寿命、何年でもいいから持って行ってください。何としてでもたすけてください！」と、我を忘れて蘇生を続けました。

何分経ったのでしょうか。医師にあきらめの表情が出てきた頃、千恵ちゃんの身体がピクピクッと動き始め、「ふんぎゃ～」と弱々しい産声をあげたのです。心臓も動き出しました。泣き声が大きくなると共に、全身の皮膚は紫色からピンク色に変わり、手足を動かし始めたのです。

ガラス越しに全てを見ていたご主人は、

「生き返った、千恵が生き返った。奇跡が起きた！」

とガラス戸に貼付《はりつ》いて号泣《ごうきゅう》しています。

「神さん、たすけてくれはった。ありがたいなあ～」と思った瞬間、私は身体の力が抜け、ヘナヘナと床にへたり込んでいました。

青山さんご夫婦はこのことに恩を感じていたようで、何かお返しをしようと思われたのでしょう。

ご主人の話を聞きながら、私が中学生の頃、ある方に同じことを言ったのを思い出していました。

話は今から四十七年前の満月の夜、潮の香りがする港町で起きた小さな出来事まで遡《さかのぼ》ります。

## 満月の夜の温《ぬく》もり

「和加《わか》ちゃ〜ん、和加ちゃ〜ん、どこにいるの〜」

教会の奥さんの私を呼ぶ声が遠くなったり、近くなったり。

「どうしたの？　何があったの？」

ガヤガヤと数人の声。

「教会で預かっている四歳の女の子がいなくなったんです！」

「皆で手分けして探そう」

男の人の声。

「和加ちゃんっていうんです。お願いします！」

ここは浜名湖のほとり、静岡県舞阪《まいさか》町。

この数日前、私は大阪から母に連れられて、父の所属教会である舞阪の東《とう》興《こう》分教会に来ました。父が事業に失敗し、母と私と弟、そして多額の借金を残し蒸発したのです。債権者の取り立てが家にも来るようになり、どうにもならなくなった母は私を教会に預け、事後処理のために大阪へと戻っていきました。

父がいなくなり、家の中の様子が急激に変わりつつあることは、四歳児にもわかります。ひとり教会に残された私は、母にも捨てられたような気持ちになり、悲しみで周囲に馴染《なじ》めずにいました。

そんな私を可愛がってくださったのは当時の会長さん、高柳恭作《きょうさく》先生です。そ・そ・うをしても「よし、よし」。神殿の上段で遊んでいても「よし、よし」と、いつも温かい笑顔で見守ってくださり、私も会長さんにだけは心を開き、子供らしく甘えていました。

会長さんが留守のその日、教会の近くにリヤカーを引いた焼き芋屋さんが来ました。その焼き芋屋のおじさんが話す関西弁に親しみを感じ、後をついて回るうちに夕方になっていました。慌てて来た道を戻りましたが、道に迷ってしまったのです。

教会近くの小学校あたりで、大人がひとり通れるくらいの狭い路地に迷い込んだ私は、ドブ板を踏み外してしまいました。そのはずみで物置に頭をぶ

つけ、痛くて心細くて動けなくなったのです。

沢山《たくさん》の大人たちが私を呼ぶ声は聞こえますが、なぜか声を上げることも泣くこともできません。

外灯もない暗がりの路地から空を見上げると、軒先の間からまんまるお月様が見えます。

「小学校には居ないぞ」

「幼稚園にも行ってみようか」

「海に落ちたかもしれん。港の方も探そう」

という声が聞こえたそのとき、後ろから、

「あんた和加ちゃんか?」

と声がしました。振り返ると、知らないおじさんが立っています。

黙ってうなずくと、おじさんが、「ここにおったぞ〜」と叫び、

「月明かりで和加ちゃんの姿が見えたんだよ。今日が満月でよかったね」

と言いながら、ドブの中からたすけ出してくれたのです。

おじさんの優しい笑顔にホッとしたのか、やっと泣くことができました。

おでこには大きなたんこぶ、手足のあちこちは擦り傷だらけ、びしょびしょに濡れた服からは悪臭がします。私はワンワン泣きながら、おじさんに連れられて教会の前まで来ると、真っ赤な眼をした奥さんが立っていました。

叱られると思い身構えていると、

「会長さんの留守中に何かあったら……。預かっている大事な子にケガをさせてしまって。教祖《おやさま》、申し訳ございません」

ドブネズミのような私をギュッと抱きしめてくださいました。

私よりも奥さんの泣き声の方が、大きかったと記憶しています。

## 「どて屋のおばちゃん」の愛

それからしばらくして、近所に住む熱心な信者の渡辺さんご夫婦が「子供には教会よりも、一般家庭の方が良いのでは」と、私を引き取ってくださることになりました。

渡辺さん宅には、私よりだいぶ年上のお子さんが三人いました。その当時、四歳の私が見ても決して余裕のある暮らしぶりではなかったと思います。小さくて古い家、天井からつり下がった裸電球。「ここのお家、大丈夫かしら……」引き取ってもらった当初、不安にかられました。

渡辺さんの奥さんは、家事の合間に自宅でお好み焼き、おでん、駄菓子を売る「どて屋」というお店をしていました。近所の子供たちは学校から帰ると、「どて屋」に集まってきます。みんなは、奥さんのことを「どて屋のおばちゃん」と呼んで慕っていました。

お店の真ん中に鉄板《てっぱん》があり、その周りにはリンゴ箱をひっくり返したイスが置いてありました。そこに子供たちが並んで座《すわ》り、おばちゃんの焼く鰹節《かつおぶし》粉をたっぷりかけた熱々のお好み焼きを、「ハフハフ」言いながらかぶりついていました。その輪の中に私も混ぜてもらって食べたり遊んだり、おばちゃんの明るい笑い声につられて、子供らしく笑えるようになっていきました。

夜はおばちゃんと同じ布団に入り、くっついて眠りました。

私は渡辺さん宅で丸ごと受け入れてもらい、温かい見守りの中でやっと落ち着いて過ごせるようになったのです。

そんなある日、おばちゃんが突然、

「和加ちゃん、来週から幼稚園に行くことになったよ」

と言うのです。

この時代、経済的理由で幼稚園に行ける子と行けない子がいました。幼稚園に通う子を「楽しそうやなあ。いいなあ」と、うらやましく見ていた私は、ピョンピョン跳びはねて大喜び。近所にある私立の幼稚園に中途入園することになり、制服やカバンを買いそろえてもらって夢のようでした。

今から考えると、おばちゃんは私の思いに気づいていたのだと思います。後になって知ったことですが、この頃、渡辺さん宅は難しい事情のただ中にあり、子供を預かれるような経済状況ではなかったそうです。

そんな中、おばちゃんは自分の着物や帯、バッグなどを質屋に入れてお金をつくり、私を幼稚園に行かせてくれたのだと周囲の人から聞きました。

迷子になった私の名前を沢山の人が呼び、探してくれたこと。渡辺さん宅で大切に育ててもらったこと。

舞阪で過ごしたのはわずか数カ月のことですが、人肌の温かさと、たすけていただいた真心は四歳の幼子《おさなご》にも届いていています。

## 愛から愛へ――たすけの連鎖《れんさ》

大阪に帰り、母の元で中学生になった私は、このご恩をお返ししたいと思い、舞阪のどて屋のおばちゃんを訪ねました。

「私が大人になったらおばちゃんの好きなもの買ってあげたい。何が好き？舞阪の人にお礼をしたいけど、どうしたらいいの？」

と尋ねました。おばちゃんはにっこり微笑《ほほえ》みながら、

「和加ちゃんの周りに困っている人がいたら、その人のためにできることを本気で考えて実行する人になってくれたら、おばちゃんはうれしいなあ。別の誰かに喜んでもらうことが、舞阪の人への恩返しにもなるんよ」

「えっ、おばちゃんや舞阪の人から受けたご恩を別の人に返すの？」

「そうよ。それが一番、神様が喜んでくださるんよ」

中学生の私に噛《か》んで含めるように優しく、真剣に答えてくれました。短い会話でしたが、心の奥深くにジワジワと染み込んでいったのです。


私は青山さん夫婦に、幼い頃の出来事と中学生のときに聞いたおばちゃんの言葉を伝えました。ご主人は、

「僕たちが会ったことのない、どて屋のおばちゃんや舞阪の人たちからの愛が、目黒さんを経由して千恵に伝わったということですね」

「そういうことになるねえ。だから私に返さんと、ご夫婦共に看護師なんやから患者さんに返していってね。そうしてくれたら私、うれしいわあ」

「よくわかりました。約束します!」

三人で指切りしたあと、笑顔で退院して行かれました。

それから数年後、母体搬送《はんそう》の付き添いでS大学病院へ行き、救急外来でテキパキ働いている青山さんのご主人を見つけました。

少し離れたところから見ていると、廊下で不安げに待つ患者さんの家族に、優しく対応している姿が見てとれました。

幼い頃、血縁のない他人様から受けた愛は、次へ、次へと伝わっています。たすけていただいたご恩を、その人への感謝だけに留《とど》めずに別の誰かをたすけさせていただく――『たすけは連鎖する』と私は考えます。

おぢば帰りの際、小田原駅から東海道新幹線に乗り、浜松を過ぎると私の目はいつもウルウルです。「もうすぐ舞阪やわ」と思うと、お世話になった日々が脳裏に浮かび、感謝の想いが胸に込み上げてきます。

車中から舞阪の町にそっと頭を下げ、ご恩に報いる生き方をしているか自己点検。「まだまだやなあ」と反省しつつ、自分はどういう人を目指しているのか再確認をするのです。

『我がこと、我が家のことは親神様、教祖にお任せして他人の幸せを祈り、他人の幸せを喜ぶ心、そんな心の使い方が自然にできる。そういう人に私はなりたい』

車窓に浜名湖を見ながら、誓いを新たにおぢばに向かいます。

# お母さんのお母さん

## この夫婦、なんだか変?

「あの人を分娩室に入れないで！　助産師さん、お願いします！」

私の腕をつかみ、まっすぐに目を見て懇願《こんがん》する彼女の身体は、わなわなと震えています。

彼女の名前は中原由美さん。二十三歳の初産婦さんです。

分娩室に入る直前、ご主人がトイレに行っている間の出来事でした。

いったい彼女に何があったのでしょうか。

中原さんは、この三時間前に陣痛が来て入院したのですが、私がお世話をしようと陣痛室に行くと、ご主人が、

「僕が側にいるので、助産師さんはどうぞ他の仕事をしてください」

と言うのです。「ここに居ないで結構です」と言われている感じがあり、何か普段の付き添いとは違う空気を感じていました。

そう言われても、経過が順調か様子を見に行く必要があります。

頻繁《ひんぱん》に陣痛室に行き中原さんに「どうですか？」と話しかけるのですが、うなずくくらいで言葉がなく、時折、私をじっと見て何かを言いたげな表情をします。

外見上は普通の若い夫婦に見えますが「なんか変やわ」と気づき、陣痛室のドアの前に立ち、中の様子をうかがうと、

「俺の言う通りにしないと、赤ちゃんを施設に連れて行くぞ！　いいか、お

前はバカで経済力もない女だから、俺が食わせてやらないと生活できないんだ！」

と、ご主人の声。同様の言葉が繰り返し聞こえてきました。

とても夫婦の会話とは思えません。

「これってもしかして、ＤＶ（ドメスティック・バイオレンス＝親密な関係のあるパートナーからの暴力）とちがうの？」と思い、院長にその様子を伝えておきました。

そうこうするうちにお産は進み、分娩室に入室する直前、初めて中原さんが発した言葉が「あの人を分娩室に入れないで！」だったのです。

何か深い訳がありそうですが、それを聞いている時間はないので、

「わかりました。ご主人さんを分娩室に入れないようにするから、今は赤ちゃんを産むことだけに集中しましょう。頑張れそう？」

と伝えると、怯《おび》えた彼女の表情が和らぎ、涙を浮かべて、

「ハイ、頑張ります」

と答えました。

トイレから出てきたご主人に、

「ご主人さん、奥さんは立ち会い分娩を望まれていません。ですから、陣痛室でお待ちください」

と伝えると、意外と素直に陣痛室に戻って行きました。

陣痛のたびにいきみが入りだし、胎児も順調に産道を降りています。ふっと、私は誰かの視線を感じ、分娩室の入り口を見ると、ドアの隙間《すきま》から、ご主人が覗《のぞ》いているではありませんか。

それに気付いた中原さんは全身に鳥肌が立ち、身体が震え出しました。

すぐにドアのところへ行き、

「産まれたらお呼びしますので」
と言う私を押しのけ、
「お前、俺に指図するのか！　分娩室に入れろ！　誰のお陰で生活している
と思ってるんだ！」
大声で怒鳴り始めました。
院長から、
「騒ぐようなら警察を呼びます」
と言われ、しぶしぶ陣痛室に引っこんでいきました。
その三十分後、赤ちゃん（咲《さき》ちゃん）は元気に産まれました。
お母さんになった中原さんはとてもうれしそうでしたが、着替えが終わり
ご主人が分娩室に入って来てからは言葉なく、虚《うつ》ろな目をしたお人形のよう
……。

分娩室から病室へ移動したのは夜九時近く、ご主人に面会時間が終了するので帰るよう促すと、

「病室に泊めてください。床の上でもいいので、枕だけ貸してください」

と言い出しました。

「そんなことはできません」

と断ると、残念そうに玄関を出て行きました。

後でわかったことですが、ご主人は自宅に帰らず、医院の塀《へい》を乗り越え敷地内に入り込み、奥さんが入院している二階病室の真下の植木に隠れて寝ていたのです。

奥さんを見張るために粘着《ねんちゃく》的に付きまとい、外で寝ることもかまわない異常行動です。

## 急ぐ支援

退院の前日、中原さんが、

「こんなこと助産師さんに相談してご迷惑になるかもしれないけれど……」

と、切り出してきました。

「力になれるかもしれない。よかったら話を聞かせて」

と答えると、ポツポツとご主人のことを話し始めました。

付き合い始めた頃は普通の優しい人に見えていたのが、しばらくするとメールが頻繁に来るようになり、夜中でも仕事中でも関係なく電話がかかり始め、職場に突然現れたり、家の近くで待ち伏せされたりしたそうです。

「君のことが心配で、大切に思っているからだよ」

と言うので、「変だなあ」と思いつつも、お付き合いは続きました。

そして、妊娠。

彼は喜んで、「結婚しよう」と言いましたが、それを境に威圧的、支配的な言葉、態度が目立ち始めました。

これではとても一緒にやっていけないと、別れ話を切り出すと、

「二度と嫌な思いはさせないから」

と謝り、数日は優しくなることの繰り返し。

彼女自身は、子供が大好きなので妊娠中絶は考えなかったそうです。シングルマザーで産み育てる決意を伝えると、態度が豹変《ひょうへん》し、

「結婚しないと子供をさらっていくぞ」

と執拗《しつよう》に言われ続けたそうです。

「私の両親もシングルマザーなんて、世間の目が……と言うので入籍し、一緒に生活を始めました。でも、トイレに行くにも一言、言ってから行動する

ようネチネチと言われたり、言う通りにしないと生活費を渡してもらえなかったり、言葉の暴力や物を壊して恐怖心を植え付けられたり、まるで囚人のような生活で……。

それでも、入籍したときの両親の喜んだ顔を思うと、今の状況を誰にも言い出せずにきました。自分さえ我慢すればいいんだと思っていたけれど……。明日からまた、あの生活に戻るのかと思うと気が変になりそうです」

私は中原さんに、「ご主人のところではなく実家に帰ること。勇気を持って直ちにご両親に相談すること。あなたはご主人からＤＶを受けている可能性があるので、自治体に設置されている『配偶者暴力相談支援センター』へ電話をすること。この先、生命の危険を感じるようなことがあったら、すぐに警察に行くこと」を伝えました。

中原さんは、その日のうちにご両親に相談、実母は動揺して泣いていたそうですが、実父がすぐに支援センターへ連絡、弁護士への相談など、冷静に対処してくださり、大きくもめずに離婚が成立。ご主人は、慰謝料を一度も支払うことなく音信不通となりました。

その後、彼女は実家で生活しながら専門学校へ行き、手に職をつけて働くママになっています。

今でも手紙のやりとりがあり、最近届いたハガキには「実家を出て咲と二人でアパート暮らしを始めました」と書いてありました。

「大丈夫かしら……」私は内心ハラハラしながら、「これからもあなたと咲ちゃんの幸せを祈り、見守っていきます」と返事を出しました。

## 母性って、何や？

助産師の私は、三十七歳で再婚しました。優しい夫と幸せに暮らしていますが、子供はいません。

夫婦に子供がいないのには、いくつかの理由が考えられます。

「子供は欲しいができない」

「とてもじゃないけど、子供を産める状況でない」

「子供のいない人生を選択した」

などです。

子供は欲しいが恵まれない助産師が、仕事とはいえ赤ちゃんを取り上げるのはある意味、地獄の葛藤《かっとう》がありました。

〝子供を産んで母になってこそ女性として一人前〟という世間の言葉を前に何度も涙しました。

しかし、もがきながらも心を切り替えて産婦さんを妹のように、娘のように思い、取り上げる赤ちゃんを我が子と思って、お世話を続けてきた中で、

ある確信に至りました。それは、

『私には、子供はなくとも母性がある』

ということです。

では、母性とは何でしょう。

私は若い頃、母性というものは「母親が子供に注ぐ愛情」そして、「女性が産まれながらにして、誰もが持っているもの。出産することでより豊かになるもの」だと思っていました。

しかし、我が子への虐待という悲しいニュースを聞かない日はない昨今、私の母性に対する考えは、「産まれてから、親やそれに代わる誰かからの愛情を受けて育つ中で、身についていくもので、だんだんに育《はぐく》んでいくもの」に変わってきました。

さらに助産師としての経験を重ねる中で、自分の中の母性の定義も変化し、

「母性とは自分以外の誰かに向けられる無償の愛」だと理解するようになりました。

この愛は母親が持っていることが多いけれど、私のように子供のいない人にも、そして男の人にも母性があると思うようになりました。

## 見守る「お母さん」

母親が持つ母性が、迷走しているように感じる今日、微力ながらも続けていることがあります。

それは、中原さんのように事情を抱えながらも何とか折り合いをつけ、頑張っているお母さんたちを見守り続けることです。

時々、

「目黒さん、元気〜」

と電話をかけて来る安部さんのご主人は、うつ病を患い働けません。

「声が聞きたかっただけなの、まだ大丈夫よ。声を聞いたら元気が出てきた。心配しないでね」

一方的に電話が切れるので、私はとても心配です。

「目黒さん居ますか？　充電しに来ました」

子供を連れて、フラッと医院に立ち寄る伴堂さんのところは、子供さんに先天性の病気があり、そのことで夫婦の仲がぎくしゃくしています。

同居している姑さんの愚痴を定期的に言いに来て、スッキリして帰るお母さんもいます。

皆さん、日々を過ごす中でストレスが溜《た》まって、どうしようもなくなると医院に立ち寄ったり連絡が来たりするのです。

時間に余裕のあるときは、私はうなずきながらお母さんの話を聞きます。

話の終わり頃になると、私が何も言わないのに、

「目黒さんと話していたら、お産のときのことを思い出しました。あのとき、私は応援してもらい、自分らしく産めました。だからきっと大丈夫ですよね。今はちょっと疲れているけど、少し休めばまた頑張れそうです」

と、自分に言い聞かせるようにして帰っていきます。

そのうち連絡が来る回数が徐々に減って、お母さんは自立していくのです。ちょっと寂しいけれど、この結果が一番望んでいる姿です。

こうしてお母さんを見守り、育てさせていただく経験が、私の母性を一層豊かにしてくれます。

# 第三の存在（前編）　―サードマン現象―

## 怒鳴り声で始まった朝

「おはようございます」

いつも通り職員通用口から院内に入ると、いきなり休憩室からものすごい怒鳴り声が聞こえてきました。

「勝手に促進剤の点滴《てんてき》を中止するとは、どういうことなんだ！」

佐野先生の声です。すると当直助産師の高田さんが、

「夜通し促進剤を続けるなんて、そんな指示には従えません。子宮筋が疲労

して子宮破裂につながりかねません。このままでは母児に危険が及ぶと考え抜針《ばっしん》しました」

大声で言い返しています。そのやりとりを廊下で聞いていた私は、「昨日の朝から、分娩《ぶんべん》促進剤を点滴していた原さんのことや。夜通し促進剤を続けるなんてありえへん。どういうこと？」と疑問に思いました。すると佐野先生が、

「今からすぐに促進剤を再開する！」

と言い放ち、休憩室を出て行くのが見えました。

白衣に着替え、ナースステーションに入ると高田さんはプンプン怒っています。

昨夜から、今朝までのいきさつは以下の通りです。

一昨日、破水で来院した初産婦の原さんは、丸一日待っても自然に陣痛が

来《こ》ず、昨日の朝から分娩促進剤の点滴を始めました。

原さんは陣痛よりも先に卵膜《らんまく》が破れ、羊水《ようすい》が漏《も》れ出てしまう「前期破水」という状態でした。胎児を外からの感染から守っている卵膜が破れると、子宮内に細菌が進入し、胎児が感染の危険にさらされます。「前期破水」の場合、なるべく早く胎児を娩出《べんしゅつ》させなければならず、自然陣痛が来なければ促進剤を使い陣痛を起こします。

十七時の時点で子宮口は半分の五センチ開大。普通はここで点滴を止め、夜は子宮を休ませます。子宮は促進剤で強制的にギュッと縮んだり、元に戻ったりをさせられるので疲れてくるのです。

夕方の時点で佐野先生は、「二十時まで点滴を続けよう」と言いました。

二十時になり内診しましたが子宮口は五センチと変わりません。

今度は「二十三時まで続ける」と言い、そのまま車で外出。二十三時になると外出先から電話で「明日の朝まで点滴続行しておいて」と指示を出しました。このときも内診所見は、子宮口五センチ開大のまま変わらなかったそうです。

高田助産師は、

「子宮筋が疲労して分娩が停止していると思います。促進剤を中止してください」

と、上申《じょうしん》しましたが聞き入れてもらえず、点滴を抜くことを自分で判断しました。

翌朝、佐野先生が来てみると促進剤の点滴は中止されており、休憩室でのバトルとなったようです。

申し送りを受けた私は、

「よくわかりました。高田さん、お疲れさま。今日のところは家に帰ってゆつくり休みや」

と声をかけ、促進剤の点滴を再開した原さんのいる陣痛室に行きました。陣痛室のドアを開けると、原さんが「ウンウン」といきんでいるではありませんか。

「急に痛みが強くなって、休みなく痛いんです」

と悲壮《ひそう》な顔をしています。点滴量を調整するポンプを見ると、再スタートしたばかりなのに標準より多い量が設定されていました。佐野先生が早く出産させようと、多めの量から再開したために過強《かきょう》陣痛となっているのです。

すぐに人を呼び促進剤を減量、廊下を隔《へだ》てた分娩室に入れて内診すると、子宮口は全開大。このままお産になると判断し、病衣をめくるとお臍《へそ》の下の皮膚に、薄茶色の綱《つな》のようなものが浮かび上がっています。

「エッ、何やこれ？　まさか、これってバンドル病的子宮収縮輪《しゅうしゅくりん》や！」

助産学の教科書でしか見たことのない、子宮破裂寸前に腹壁《ふくへき》に現れる「バンドル病的子宮収縮輪」が目の前に見えるのです。

「初めて見た。このままではまずい。子宮破裂して母児共に命がない！」

すぐに佐野先生を呼び、子宮をストレスフリーにするため促進剤を中止。

原さんの腹壁を見た佐野先生は青ざめ、

「対応できる病院に母体搬送を頼んできます」

慌てて出て行きました。そして廊下に居たご主人に、

「子宮が破裂寸前です。このままでは奥さんと赤ちゃんの命が危ないので、救急車で大きい病院に運びます」

と手短に説明する声が聞こえました。原さんもご主人もパニックになり、ガタガタ震えています。

やがて救急車が到着。急いで原さんをストレッチャーに乗せ替え、車内に

運び入れました。

さあ、出発という間際になって佐野先生が、

「僕、今から外来診療があるので、目黒さん同乗して行って」

「何言うてるんですか。途中で何かあったらどうするんですか！」

「日勤の医者は僕一人やし、外来の患者さんを待たせているので頼むわ」

さっさと診察室へ戻ってしまったのです。

佐野先生と私のやりとりを聞いていた救急隊員が、偶然にも私が以前に分娩介助した秋本さんのご主人でした。

「目黒さん、どうする？」

「ここで押し問答してても時間のロスやわ。秋本さん、突っ走って！」

「任せてください！」

救急車は原さんとご主人と私を乗せ、急ぎ救急病院へ。

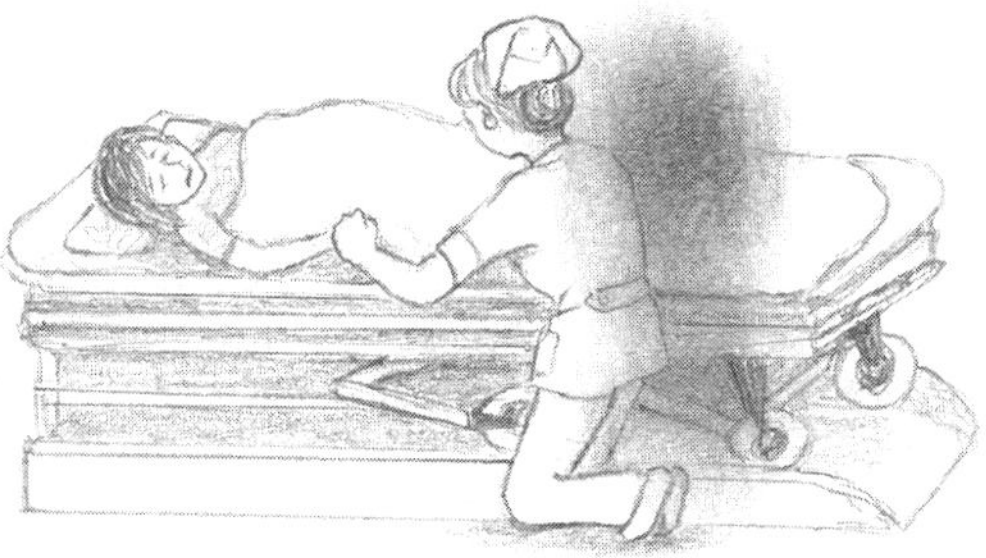

この車中で私は、不思議な体験をしたのです。

## 後ろにいるのは、誰?

震える原さんの手を握り、

「大丈夫よ。すぐに着くからね」

笑顔で励ましながら、私の心臓はドキドキ、バクバク。お臍《へそ》の上まで上昇した子宮収縮輪は、不気味に浮かび上がり破裂寸前。『こうなったら神さんしかない』と心を定め、

「私の寿命、好きなだけ持っていっていいた

だいて結構です。どうか原さんと赤ちゃんをたすけてください」

一心に親神様に祈り続けました。

「あっ、病院が見えてきた。もうちょっとで着く」

緊張がふっと緩んだそのとき、誰かが私の背中を摩《さす》っていることに気が付きました。ご主人さんと私との間にもう一人居るのです。温かい手の温もりが背中に伝わってきました。

病院が近づくにつれ、摩る強さが増し、「ここで気を抜くな。ここが踏ん張りどころや」と、ハッパをかけられている感じです。

「後ろに居てるこの人、私のこと応援してはるみたい。誰やろう？」

摩られ続けて背中がほてってきた頃に病院に到着。ストレッチャーごと分娩室に運び入れ、三分後に出産。子宮破裂はギリギリのところで回避《かいひ》されました。

病院からの帰り道、これまで経験した不思議な出来事が、次々に頭の中に浮かび上がってきました。

「そういえば、三リットルの大出血をした佐藤さんのときも、私の側に誰か居てた感じがしたよな。

薬剤性ショックで血圧低下した藤井さんのときは、頭の中がコンピューターのようになり、次に何をしたらいいのか優先順位をはじき出して、抜かりなく処置できた。頭が冴《さ》え渡り、自分であって自分でないというのか……。

へその緒が四重に巻きついて産道で動けなくなった梨紗《りさ》ちゃんのときなんか、誰かが私の背中にピタッとくっついて、二人羽織状態で赤ちゃんを取り上げたっけ。あのときは耳元で息づかいまで聞こえた。

そうそう、仮死状態で産まれてきた薫ちゃんを蘇生《そせい》するときも私ひとりではなかったわ。誰かと一緒に処置していた気がしたもん。私が、私でなくなる感じっていうのかな。危機一髪のときに出てくるサードマンは、いったい誰なんやろう?」

## やっぱり親子

以前、私の不思議な経験をある人に話したところ、「あなたの頭の中、大丈夫?」みたいな反応で、不信感をあらわにされたことがありました。それからはこういう経験は他人に話さず、胸の中にしまっておくことにしました。

そんなある日、夜勤明けの仮眠から目覚めテレビをつけると、NHKで「探検バクモン」という番組をやっていました。この番組はコメディアンの爆笑問題の二人が大学教授や研究者、その道のプロフェッショナルを訪問するという内容です。

ボーッとしながら見ていると、そのときの訪問先は某有名病院の心臓外科

医で、最新の医療機器を使った手術方法を説明していました。そのとき、先生がごく自然に、

「手術中、僕の中に神様が降りて来るときがあるんですよ」

とニコニコしながら言ったのです。そして、その意味を説明し始めました。

「諸検査データから手術の難しさを予想して臨《のぞ》むのだが、実際に切開して心臓を見ると、想定外に状態が悪いときがある。内心『これはマズイ、どうしたものか。自分には無理かもしれない』と頭の中は真っ白になり、もう祈るしかないという心境になる。

そういうときに神様が降りて来る。神様が降りて来るや頭の中は冴《さ》え渡り、普段の手術のときよりも手先がサッサとシャープに動く、というか動かされている。自分の手だけれど自分ではない。さほど重症でない患者さんの手術よりも、想定外に状態が悪くて（神様が）手術した患者さんの方が術後の回

復が早く、退院後も良好に過ごしている」

私は、この先生の話を聞いて、「同じような経験をしている医療職者が居てはる。私の頭の中、大丈夫やわ」と安心しました。

そして、看護師の母にテレビで見た先生と私の体験を話すと、次のような話をしてくれました。

「昔、救急外来と手術室の主任を兼任《けんにん》してたときのことやけれど、交通外傷やら腹腔《ふくくう》内出血の患者さんが運ばれて来ると、大出血しているから腕をゴムで縛《しば》っても血管が見えへんの。

でも、血管確保しないと点滴も輸血もできへんし、薬も使えない、手術も始められへん。血管確保を早く確実にすることは患者さんの命に関わる。

『なんとしてもたすかってもらいたい』と針を持ち、針先に神経を集中させると、誰かがお母さんの手を持って動かしはる。勝手に手が動き、自分の思ってもない部位《ぶい》に針を刺す。

するとピタッと血管に入り、患者さんは危機一髪でたすかる。お母さんの手を持って血管へと導くのは、教祖《おやさま》の手やで」

そういえば昔、母の同僚の看護師さんたちが家に遊びに来たとき、

「和加ちゃんのお母さんはね、注射がめっちゃ上手《うま》いねんで。見えへん血管にも一発で入れるねん。すごいで～」

と話していたのを思い出しました。

「うっそ～。ほんまかいな。同じ体験してる人が、こんな近くに居てたとは……。しかも親子。でも、その手って教祖なの？」

ビックリして目をマルマルさせる私に、

「お母さんも和加ちゃんと同じような経験してきたから、ようわかる。頭がおかしいのと違う。あのときもこのときも和加ちゃんの側に居て、たすけて

くれはったのは教祖に間違いないよ」

と、微笑みました。

「エーッ、私の後ろに居たサードマンは教祖やったん?」

「だって心定めして親神様に祈ったんやろ。一心に親神様にもたれたから、教祖がたすけに来てくれはったんやがな」

「そうか。サードマンは教祖やったんや。今、気付いたわ。私はほんまにアホや……」

反省と感謝と感動の涙がポロポロ流れ、親子で胸が一杯になりました。

教育テレビ「地球ドラマチック」で、「サードマン現象」について特集をしていました。その中で、

「サードマン現象とは、遭難や漂流、災害現場など絶体絶命の極限状態に置

かれたとき、奇跡の生還《せいかん》へと導いてくれる目に見えない第三者の存在を感じること」

と述べていました。

テレビでのサードマンは、自分自身が危機に陥ったときに現れますが、医療職者の側に現れるサードマンは、自分以外の人の命をたすけるために現れるのです。

では、どうして母子の命の危機が迫るお産のときにサードマンが現れ、たすけてくれるのでしょう。

その理由は後編で。

# 第三の存在（後編）―四本の手―

## 突然の勤務交代

平成二十三年十一月。おぢばでの三日講習会を終えて自宅に戻り、ソファーでうたた寝していると、同僚の助産師小田さんから電話が入りました。

「風邪ひいて熱が出て、フラフラやねん。明日の夜勤交代してくれる？」

「了解。任しといて。ゆっくり養生しいや」

明日は予定外の夜勤となりました。

翌日の夕方出勤してみると、朝八時から分娩誘発剤《ぶんべんゆうはつざい》の点滴《てんてき》をしていた中野さんが分娩室に入るところでした。中野さんは身長一五〇センチの小柄な初産婦さんで、出産予定日まで一週間ありますが、胎児推定体重が三五〇〇グラムと大きくなっていました。

身長の低い人は、骨盤が小さく産道も狭いことがあります。自然に陣痛が来るのを待っていると胎児が大きくなりすぎ、産道通過が困難になるので、薬を使い陣痛を起こすことにしたのです。

日勤助産師の申し送りでは、薬を使っても思うように陣痛が強くならず、十五時に卵膜《らんまく》を破り羊水を漏出《ろうしゅつ》させる『人工破膜《はまく》』をしたとのことです。

破水すると陣痛が強くなることがありますが、確実に強くなるとは限りません。逆に破水による弊害もあるのです。

そのいくつかを挙げますと、へその緒が下がってしまう『臍帯下垂』を起こすことがあります。胎児と産道の間に挟まれて血液が滞り、低酸素や徐《じょ》脈《みゃく》を起こし、胎児は苦しくなります。また、へその緒が胎児よりも先に出る『臍帯脱出』になると、酸素の供給が完全に遮断《しゃだん》され、胎児の息の根は止められてしまいます。

卵膜を破ったことで胎児の位置が変わってしまう『回旋《かいせん》異常』。膜の破れたところから子宮内に細菌が侵入する『感染』。ましてや中野さんは促進剤の点滴をしているので、破膜により陣痛が急に強くなり過ぎて、『子宮破裂』につながりかねません。

要するに人工破膜をする場合は本当に必要かよく考え、慎重にしなければならないのです。

日勤の助産師は新人で、人工破膜の弊害もよくわからず、医師に言われるがまま卵膜を破ったのですが、

「破膜で子宮内圧が急に変化したのか、胎児が下がるどころか逆に上がって

しまって……。児頭《じとう》の位置も後頭位《こうとうい》から、頭頂位《とうちょうい》になってしまいました」

と、すまなそうに下を向いています。通常、胎児は顎《あご》を胸につけ丸くなって後頭位で産道を下がってきます。この後頭位が最もコンパクトに産道を下がる有利な条件ですが、頭のてっぺんが先頭になる頭頂位は、条件としては不利になります。

人工破膜をしたことで陣痛は強くなったものの『回旋異常』を引き起こし、その結果医療職者が難産にしてしまったのです。

分娩室に行ってみると子宮口は全開大し、中野さんはいきんでいました。胎児は産道の一番狭いところで頭頂位のまま挟《はさ》まれていますが、今のところ心拍は安定し元気です。その後、一時間いきみましたが、胎児は産道の途中で止まったまま下がってきません。中野さんは力尽きてヘトヘトです。そうこうするうちに胎児心拍数が低下。胎児が「しんどい」と訴えています。

こういうときは、吸引《きゅういん》分娩や鉗子《かんし》分娩の方法があるのですが、私が勤めるC産科医院にはそれを行うのに必要な器械も装置もありません。手術室も無いので帝王切開もできません。今から大きな病院に搬送を頼んでも間に合いません。産婦のお腹《なか》を押すしかないのです。

体重一〇〇キロを超える巨体の堺先生が、分娩台に乗っかって力いっぱいお腹を押しますが、胎児は全く動きません。「トン……トン……」と胎児心拍は今にも止まりそうです。先生の汗が、ポタポタと産婦のお腹に落ちています。十五分後、とうとう胎児心拍は停止してしまいました。

## 修羅場と化した分娩室

先生は立ち会っているご主人に、

「これ以上、力が出ません。僕では無理です。代わりに押してください」

と言ってしまうほど、冷静さを失っていました。

ご主人は、

「医者が何を言っているんだ」

と怒り出し、分娩台の産婦を挟んで言い合いになっています。

私はどうしていいかわからず、呆然《ぼうぜん》と突っ立っていると、先生が、

「そうや目黒さん。押してみて」

と言うのです。

相撲取りのような先生が十五分押しても出ないのに、私が押して出るわけないやんと思いつつ、このまま何もせずにはいられません。不本意ながらも分娩台に乗り、産婦のいきみに合わせて全力でお腹を押しました。が、胎児は微動《びどう》だにしません。

「赤ちゃんをたすける手立てが尽きた。心拍停止して五分。もうダメや。このままでは訴訟《そしょう》になるかもしれん。被告人になるのは、医師か人工破膜をした日勤助産師か、勤務交代してたまたまお産に出くわした私？」などと我が身の心配をし始めたとき、中野さんが、

「助産師さん、たすけてください」

か細い声を発しました。その一言にハッと我に返り、自分のことを心配してる場合とちゃうわ。赤ちゃんをたすけさせてもらわんな。もう神さんしかないと、ようぼく根性にボッと火が付き、瞬時《しゅんじ》に心を切り替えました。

「次の陣痛で底力を振り絞っていきむんよ。私も命懸けで押すからね！」

精根尽き果てる寸前の中野さんと自分自身に喝《カツ》を入れ、「南無天理王命、南無天理王命」と心の中で神名を唱えながら必死でお腹を押しました。

すると先生が十五分押しても動かなかった赤ちゃんが、拍子抜けするぐら

いスルスルッと出てきたのです。

出てはきたものの全身が黒紫色で心拍停止し、産声をあげません。ダラーッとしたままで摩《さす》っても全く反応しません。赤ちゃんは亡くなっていました。

しかし、何としてもたすかってもらいたいと自分の寿命をお供えし、神名を唱えつつ心臓マッサージに人工呼吸、酸素投与と無我夢中で蘇生《そせい》法を施すと「フンギャ〜」と、呻《うめ》くような産声をあげたのです。

弱々しい泣き方はだんだんと力強くなり、黒紫色だった身体は紫色から赤紫を経て次第にピンク色へとカメレオンのように変化していきました。手足を動かし始め、呼吸も心拍も安定してきました。

体重三七五〇グラム、男の子（浩《ひろ》ちゃん）の臍帯血《さいたいけつ》PH値は六・八九。PH七・〇を下回ると限りなく死に近づきます。

「親神様は赤ちゃんを一端は引き取ったものの、戻してくださったんや」

私はPH値を書いた紙を持ったまま、全身の毛が逆立《さかだ》つのを感じました。

赤ちゃんの状態が落ち着き、廊下で待っていたご主人に、

「もう大丈夫よ。赤ちゃんの状態は安定したからね」

と伝えると、

「ありがとうございます！　目黒さんにたすけていただいたことは、一生忘れません」

私の腰にしがみついて、オイオイと泣いています。

「私がたすけたように見えるけれど、それは違う。お産の神さんがたすけてくれはったんよ。神さんがたすけた子やから、この子は将来社会の役に立つ子に育ててくれはる？」

と話すと、

「約束します」

涙声で返事をくださいました。

私は同僚の助産師に比べ、母児の命の瀬戸際に立つ分娩介助の経験が断トツに多く、ついたあだ名は「難産係」。選ばれたように恐いお産にあたります。しかし、命が危機一髪となるお産のたびに、ギリギリのところでサードマンが現れたすけてくれました。

そのサードマンは教祖《おやさま》だったと前編に書きました。では、「もうあかん、神さんしかない！」と祈り願った途端、なぜ時間差なく教祖が働いてくださったのでしょう。なぜこうも鮮やかに、たすけてくださったのでしょう。

このことをずっと疑問に思っていました。

## 講堂に貼ってあった答え

そんなある日のこと。天理の信者詰所でお会いした教会長の吉田先生に、分娩介助の際に経験した不思議な話をしました。先生は、「へえっ〜」を連発しながら、まばたきせずに私の話を聞いていました。

話の最後、先生に私の疑問をぶつけてみたところ。

「お母さんと赤ちゃんが危機一髪になったときどういう心になったたん？」

「『自分の寿命をお供えしますから、たすけてください』という心になりました」

するとと吉田先生はニヤリとして、

「その答えは講堂に貼《は》ってあるよ」

「講堂に？　何か貼ってあったっけ？」すぐに行ってみると、模造紙に書かれた『おかきさげ』が貼ってありました。

平成元年、私が修養科に来たときから同じ場所に貼ってあり、修練のときに毎日拝読していたと思います。じっくり読んでみると、

「誠一つが天の理。天の理なれば、直ぐと受け取る直ぐと返すが一つの理」とあります。ハッとしました。受けとったら直ぐに返してくださったということは、あのときの、

「自分の寿命をお供えしますから、たすけてくださいという心。自分が目黒和加子という存在であることも忘れてしまう無《む》の状態。あれが誠なんか。あの心を誠というんや。だから、すぐに教祖がたすけてくださったんやわ」

お恥ずかしい話ですが、私は十七歳でおさづけの理をいただいてから『おかきさげ』を開いて見たことがありませんでした。詰所の講堂に貼ってある『おかきさげ』も壁紙というか、風景になっていました。

ようぼくの皆様は、誠の心とは我が身捨ててもたすかってもらいたいという心で、誠の心しか神様は受けとらないことを知っておられると思います。が、私は全く記憶にありませんでした。そうです。私はなんちゃってようぼ

くなのです。

普通に生活していて命の岐路《きろ》に立つことはめったにありませんが、助産師はお産となったら生と死の境界に立たなくてはなりません。この仕事に就き、母児の命をたすけるため必要に迫られて、自分を無《む》にする心に行き着いたのです。

お産の現場では、あれこれ思案を巡らせている時間の余裕はありません。瞬時に心を定め、行動に移さなければ間に合わないのです。絶体絶命の崖っぷちに立ったときの行動指針、それは無我《むが》に至った誠の心です。

平成二十五年の秋、二人目を妊娠中の中野さんが、里帰り分娩で九州に帰る前に話したいことがある、と浩ちゃんを連れて来院しました。

「この子を産んだときのことは恐い思い出となり、夫婦の間でも口に出すことはなかったんです。でも、一歳の誕生日のときに主人が、『言っておきたいことがある。浩は大人になったら社会の役に立つように育てる』といきなり言い出したんです。

訳を聞くと、『あのとき目黒さんが、〝私がたすけたのと違う。お産の神さんがたすけてくれはったんよ。神さんがたすけたこの子は、将来社会の役に立つ子に育ててね〟って言わはったんや。僕は約束したんや』って言うんです。

それを聞いて私、『ああ、やっぱりそうだったのか』と思いました。一回目の陣痛のときは、目黒さんの冷たい手がお腹を押していました。喝《カツ》が入って二回目に押したときは、目黒さんの冷たい手以外に温かい二本の手、合計四本の手が私のお腹を押してたんですよ。温度差があったのではっきりわかりました。

本当にお産の神様がたすけてくれたんですね。浩はお約束通り、社会の役に立つよう育ててますから」

とニコニコしながら話すのです。

私は言葉を失い、腰が抜けそうなくらいびっくりしました。

「手が四本って?……。あのとき、教祖が一緒にお腹を押してくださったんや」

親神様にもたれきり、無となり、心が誠で満たされたとき、教祖が加勢してくださることをお道以外の人から教えていただいたのです。

私の車のナンバーは、教祖ご誕生日の「四・一八」。後部座席には、教祖専用の座布団と膝掛けをご用意。今日もご存命の教祖と共に職場に向かいます。

# 『おびや許し』の目指すところ

## 産み方で育ち方まで変わるの？

初産婦の石井さんはあどけなさが残る二十三歳。つけまつ毛にマスカラで目元パッチリのお化粧に、可愛い洋服を着て妊婦検診に来ていたお嬢さんです。妊娠経過は良好で、陣痛発来して入院。

入院から丸一日経っても子宮口は五～六センチ開大で、まだまだ時間がかかりそうです。

私は朝から石井さんに付きっきりで腰を摩《さす》り、リラックスを促しながら様子を見ていました。

痛みと寝不足でヘトヘトの石井さんですが、けなげに頑張っています。

「目黒さん、交代するからお昼ご飯食べてきて」と、先輩助産師が陣痛室に来たそのとき、胎児心拍のモニター波形が、さざ波のように揺れだし、石井さんがお腹を抱えて、激しく嘔吐《おうと》し始めたのです。これまでの痛がり方とは明らかに違います。

「これは変だ。早剥《そうはく》（常位胎盤早期剥離《はくり》）かもしれん」

胎児心拍はさざ波から大波になり、ジェットコースターのように上がったり下がったり。胎児の貧血が急速に進み、酸素が十分にもらえず苦しい状態に陥っています。

超音波エコーで胎盤の剥離を認めた医師は、

「早剥や！　超緊急で帝王切開するぞ。僕は先に行って手洗いするから、すぐに手術室に運んできて！」

　と、猛ダッシュしていきました。

　私は急いで石井さんを乗せたストレッチャーを押しましたが、なぜか動きません。

「あれ？　ストッパーはオフになっているのに、なんで動かへんの？」

　ふと、石井さんに目をやると、両手で廊下の手摺《てす》りをギュッと握っているではありませんか。

「石井さん、そんなとこつかんだら、ストレッチャーが動かへんやないの。危ないから手を放して！」

　すると、石井さんが、

「帝王切開で産んだら、ほんまのお母さんになられへん。根性無しの子に育つ。手術はいややや。私、頑張るから下から産ませてください！」

と、真顔で懇願《こんがん》するのです。

「誰がそんなこと言うてるの」

「お父さんもお母さんも、お祖母《ばあ》ちゃんも言うてる。中学の先生も友だちも言うてた……」

一層力を込めて手摺りを握り続けます。

彼女の言葉にハッとした私は、あることを思い出しました。

私がまだ看護学生だった頃、『精神保健』という科目がありました。その教科書の中に、「帝王切開で子供を産んだ女性は、母親としての自覚に乏しく、帝王切開で産まれた子は非行少年・少女になりやすい。また、家庭内暴力を起こしやすいなど、問題児となる傾向がみられる」と書いてありました。

私は帝王切開で産まれたので、この記述に「なんやこれ？　何の根拠があるの？」すごく不快な気持ちになり、その理由を出版社に問い合わせたのです。

するとこ担当者は、

「信頼できる統計で、そのような結果が出ている。教科書には、統計上の根拠がないと載せません」

と言いました。

産み方で育ち方が決まることに、ショックを受けました。

「私は帝王切開で産まれたけど、普通に育ったのは、たまたまなのかしら……。母は、愛情いっぱいに育ててくれたと思うけど。でも、教科書には正しいことしか書いてないはずやし……」

こうして教科書から、帝王切開で産むと問題が起こると、私の中へ刷《す》り込みが始まりました。

看護師として大阪のA病院に勤め始めた頃、年配の助産婦が、

「帝王切開は麻酔で痛みがなく、楽々と産むのよ。苦労を経験して母親になっていないから、心の底から子供を可愛いと思えないの。愛情不足で育つから、子供に問題が起こって来るのよ。やっぱり陣痛を経験しないと、本物の母親になれないわ。気の毒よね」

と言ったのです。

入職したばかりの私は、その助産婦の言うことを鵜呑《うの》みにし、帝王切開のよろしくないイメージの刷り込みを重ねていきました。

目の前にいる若い妊婦も、昔の私と同じように刷り込まれているんや。

「石井さん、私も以前はあなたと同じように帝王切開に対して、よくない思いを持っていたのよ。

でもね、助産師になって帝王切開の現場に立って、子宮の中をこの目で見て、触れて、考えが変わったの。今、ゆっくり説明している間がないから、結論だけ言うわ。

経腟《けいちつ》分娩も、帝王切開も、女の人が命懸けで命を産むことに変わりはないの。命懸けで産むんやから、どんな産み方でもほんまのお母さんなの。私も帝王切開で産まれたけど、根性無しどころか、ど根性で助産師になったんよ。誰が何と言おうと、帝王切開もお産です」

まっすぐに石井さんを見て、ハッキリと伝えました。途端に、彼女の目に涙があふれ、うなずきながら手摺りを放してくれました。

「もうひと頑張りでお母さんやで。大丈夫やで」声をかけつつ、全速力でストレッチャーを押しました。

## 帝王切開は楽《らく》って、本当？

「帝王切開は麻酔をするので、痛みがなく楽である。お腹を痛めて産んでいないので、子供を心から可愛いと思えない。赤ちゃんも狭い産道で圧迫を受けないで、楽々と産まれるから忍耐力のない子になる。出産で母も子も苦労していないから、親子関係に問題が起きる」

産科に勤務していると、このような考えをもった妊産婦や家族が、とても多いことに気が付きます。前述したように、ごく一部ではありますが、助産師の中にも同様の考えを持った人がいるのも事実です。

この助産師たちに共通するのは、経膣分娩の介助件数は多いけれど、帝王切開の現場で、術野《じゅつや》の前に立った経験が少ない人と思われます。

以前、私が勤務していた病院は、緊急帝王切開となったら、分娩室の助産師から手術室の看護師に早変わり。手洗いをして術野の前に立ち、医師の介助をしなければなりませんでした。

大きな病院では帝王切開のとき、助産師は術野から離れて、ベビーを受ける係となります。役割がきっちり分けられているので、子宮の中を見て、手でふれる経験がほとんどないのです。どちらの経験も積んで今に至る助産師は、それほど多くはありません。

では、現実の帝王切開は楽なのでしょうか。苦労していないのでしょうか？　帝王切開が終わって病室に戻った頃、麻酔が切れます。途端にめちゃめちゃ痛くなります。

胎盤が出ると子宮はキューッと縮んでいきます。子宮が縮むことで、胎盤剥離面の血管の一つひとつが縮み、血が止まっていくのです。これは帝王切開した子宮も同じです。切って縫い合わせた臓器が縮むのですから、ほんまに痛いです。もちろん痛み止めを使いますが、スッキリとは痛みがなくなりません。切開するのですから、出血量も多くなり、貧血となることもあります。貧血になると、産後の体力回復に時間がかかります。

帝王切開で産まれた児は、産道で圧迫されていないので、肺~気管に羊水《ようすい》が残っています。そこを乾かしつつ、十分な酸素を取り入れようとして、呼吸数を増やして対応します。この呼吸が安定するのに数日かかることもあります。産まれてから努力して、呼吸を安定させるのです。

帝王切開は楽なんて、とんでもありません。経膣分娩も帝王切開も、母児共に苦しい、しんどいことを乗り越えていくのです。

「母親講座」のご用で、教会や教区にお伺いすると、帝王切開で産んだ方からお話を聞かせていただく機会が必ずあります。そのほんの一部を挙げます。

「嫁ぎ先の会長さんから『帝王切開で産んだことを周囲の人に言ってはいけません。この教会はどんな信仰してきたのかと思われるから。嫁が帝王切開で産んだことを信者さんに知られると、教会から離れていってしまう。普通に産んだことにしておきます』と言われました。私はとんでもないことをしてしまったと自分を責め、帝王切開で産んだことは恥ずかしいことなんだと、落ち込みました」と涙を流す二十代のお母さん。

「腹切って産むとは、教会の看板に泥塗ったな。『おびや許し』の取次ぎができない教会になったやないか！」退院して来るなり、役員さんから怒鳴られた後継者のお嫁さん。

「帝王切開は、前生で親不孝したいんねんのせいよ。しっかり信仰しないと、子供たちも帝王切開で産むことになるわよ」その言葉が胸に刺さったまま、子育てしているお母さん。

聞かせていただきながら、私の心も悲鳴を上げます。

帝王切開に対する一般的な負《ふ》のイメージ＋《プラス》厳しいおさとしとで、帝王切開で出産したお道の女性は、心が抉《えぐ》られるように傷ついてしまいます。

普通に産めなかったと自分を責め、悲しみから子育てが始まります。そこから心を立て直すのに、想像を絶する努力を重ねてこられたのです。

「母親講座」での練り合いや振り返りで、涙を流しながら思いを話される帝王切開経験者の姿を見て、長い時間が経っても苦しい思いが、心の中に残っていると痛切に感じます。

## 刷り込みを消すのは自分

また、「帝王切開＝おびや許しのご守護がない姿」と受けとっているお道の方もいます。

そんなとき、「どういうお産だったら、おびや許しのご守護があったと思えるのですか？」と、逆にこちらが尋ねたくなります。

では、『おびや許し』の目指すところはどこなのでしょう。

私は「お産が終了したときに、家族が増えていること」だと考えます。

陣痛を乗り越えれば、お腹を切れば家族が増えるのは、あたりまえではありません。減ることもあるのです。『陽気』誌で連載する中で、母子共に無事にお産が終了するのは「奇跡だ」とお伝えしてきました。大袈裟《おおげさ》ではなく、お産は死と隣り合わせです。

そんな中、帝王切開でたすかった命は数えきれません。切開した子宮の中を見て、「経膣分娩していたら命がなかったなあ」と、冷や汗を流したことは数知れず。それらの状況を表現すると、「これぞ神様のご守護と言わずにおられようか」の一言に尽きます。

こうして私は、周囲から刷り込まれた考えをゴシゴシと消しました。その上に自ら、「帝王切開はお産である。帝王切開は神様のご守護である」と、刻み込んだのです。

初産年齢の高齢化、不妊治療の進歩などで、四～五人に一人が帝王切開で出産する時代です。最近の産科では、「帝王切開術」とは言わず、「帝王切開分娩」と呼ぶところも増えてきました。お産の現場でも帝王切開の捉え方が変化してきています。

前述した教科書の記述ですが、帝王切開で産むことが原因ではなく、お産に対する挫折感や失敗感、帝王切開への偏見がお母さんの心を濁らせ、その心持ちで子育てをする結果、統計の数字になって現れていると考えます。これが、私なりの結論です。

もしそうだとしたら、帝王切開に対する私たちの考え方を変えることで、状況は変わって来ると思います。

お道の皆様、帝王切開は日頃の心遣いが良くないとか、いんねんが悪いからではありません。帝王切開で産んだ方に「無事に産まれたんだから、帝王切開でもよかったじゃない」と慰めるのではなく、「帝王切開はお産です。神様のご守護ですよ」と声をかけてあげてください。

周囲と同じでないと心が落ち着かず、普通かどうかにこだわる若い世代の方へ、特に声を大にして言います。お産に関しては、普通でないところに神様の思いがあると。

普通という言葉をあえて使い、帝王切開をお道的に表現するなら、帝王切開で出産した方は、親神様から普通以上の、やまやまのご守護を戴いているということです。

『おびや許し』のご守護のかたちは、皆同じではありません。神様がそれぞれに合わせて、オリジナルにご守護のかたちを変えてくださっているのです。

人と比べて同じかどうかに心を遣うのではなく、神様の思いを悟ることに心を遣ってほしい。

そして、周りから何と言われようと、どう見られようと、神様の深い思いに気付いて心を切り替え、明るく堂々と子育てのスタートを切っていただきたいと願います。

# あとがき

平成二十二年、三日講習会に参加したときのことです。同じ班になった一人の女性が、分娩介助のときに経験した不思議な話に、熱心に耳を傾けてくださいました。彼女は「何年かしたら目黒さんの話が本になって、天理本通り商店街で売ってる気がする。そのときは絶対買うからね」と言ってくださったのです。

『陽気』誌に「助産師ようぼく物語」を連載することも皆無だった頃ですから、あり得ないと思いつつ、「そんなことになったらうれしいわあ」と夢のような話をしていたのが、現実になりました。

連載中、「ひとつ、ひとつのお産をよく覚えていますね」と、読者の方からお声をいただくことがあります。

実は、細かいことは忘れています。原稿のもとになったのは、産後、お母さん方からいただいたお手紙です。どんなお産だったか、そのときの私の思いと信仰者としての受け取り方をメモ書きし、手紙と一緒に入れて大切に残してありました。読み返すと、その場面が鮮明によみがえってきます。

仕事で行き詰まったとき、その手紙を開いて涙し、「くじけたらあかん！また頑張ろう」と元気をもらっていました。小さな缶《カン》に入れて保管していたら、いつの間にか蓋が閉まらなくなり、大きい缶に入れ替えました。そのうち、また蓋が閉まらなくなって、今ではタンスの引き出しが手紙入れになりました。

私の宝物です。

「助産師ようぼく物語」を貫く柱は二本あります。

ひとつは、医療設備の整った現代でも、無事に産まれるのはあたりまえではない。お産の現実はギリギリセーフのことがたくさんあって、助産師は母と子の無事を祈りながら現場に立っている。お産はいつの時代も、女性が命懸けで命を産むことには変わりがない。だから、『おびや許し』を戴いてほしい。全ては『おびや許し』へとつながる柱です。

平成二十六年三月、天理看護学院助産学科が閉校になりました。お産の現場で働きながら、この学校で非常勤講師をしていた私は、「お道とお産はつながりの深いものなのに……」と、残念に思っていました。新しい命を産みだす女性も、産まれ出る手だすけをする助産師の仕事も、どちらも神様のご用であると私は思います。「人間の故郷である天理の地に助産師育成の場を」との願いが、もうひとつの柱です。その想いを感じていただけたら幸いです。

私の原稿を読んで『陽気』誌連載のきっかけをつくってくださった東照分教会長の村上佳愛先生、校正のみならず適時適切なご教示をいただきました養徳社の編集部の方々、心温まる挿絵を描いてくださった木村はるえ様、また、このたび単行本化するにあたり表紙絵を描いてくださった榎森彰子様、紙面をお借りしてお礼申し上げます。

最後に、私の誤字脱字だらけの殴り書きの原稿を、暗号を解読するがごとく、パソコンで打ってくれた主人に心より感謝いたします。

平成二十八年一月吉日

目黒和加子

本書の内容は『陽気』誌に平成二十四年から二十七年まで掲載された「助産師ようぼく物語」から抜粋、加筆のうえ改題したものです。筆者以外の登場人物は一部仮名です。

目黒和加子（めぐろ・わかこ）
昭和39年（1964）大阪府生まれ。平成12年（2000）助産師資格取得。これまでに1100件の出産を担当。現在も助産師として、産科医院に勤務。東興道分教会教人。

出　産　助産師の祈り

平成28年(2016) 1月26日　初版発行
平成28年(2016)11月20日　同第2刷発行
著　者　目黒和加子
発行所　図書出版　養徳社
〒632-0016 奈良県天理市川原城町388
電話 0743-62-4503　fax. 0743-63-8077
http://yotokusha.co.jp/
振替　00990-3-17694
印　刷　(株)天理時報社
〒632-0083 奈良県天理市稲葉町80

© Wakako Meguro 2016　Printed in Japan
ISBN978-4-8426-0119-9
定価はカバーに表示してあります。